Das grosse Buch der Wohnideen

Ein schönes Weihnachtsfest 1999 und viel Spaß beim „Stühle-verkleiden" wünschen Euch

Sabine & Martin

Stewart und Sally Walton

Das grosse Buch der Wohnideen

111 pfiffige Projekte

Bechtermünz Verlag

Zuerst veröffentlicht 1997 von
Hermes House, New York,
einem Imprintverlag von Anness Publishing Limited, London
Originaltitel: The New Home Decorator

Deutsche Erstausgabe

Koordination und Bearbeitung der deutschen Ausgabe:
akapit Verlagsservice, Berlin – Saarbrücken
Übersetzung: Ina Friedrich
Design: Caroline Reeves
Fotografie: Graham Rae
Stylist: Catherine Tully
Umschlaggestaltung: Studio Höpfner-Thoma, München
Gesamtherstellung: Partenaires Fabrication
Printed in France
ISBN 3-8289-2325-9

Inhalt

Einleitung

Dekoration, Farben und Design sind neben der Funktionalität wesentliche Bestandteile eines modernen Heims zur Jahrtausendwende. Doch obwohl sicherlich jeder gerne ein schönes Haus oder eine exklusive Wohnung haben möchte, finden nur wenige genügend Zeit, sich mit aufwendigen Renovierungsarbeiten zu beschäftigen. Der Kostenfaktor muß ebenfalls berücksichtigt werden – professionelle Innenarchitekten müssen ja schließlich bezahlt werden.

Dieses Buch ist für alle gedacht, die Ideen suchen, um ihrem Haus oder ihrer Wohnung eigenhändig einen individuellen Touch zu geben, und ihr Heim nach ihrem persönlichem Geschmack einzurichten und zu verschönern. Sie finden hier Dekorationsideen für jedes Zimmer, vom Wohnzimmer bis zum Schlafzimmer, für Arbeitszimmer, Flur, Badezimmer und Küche. Kinderzimmerdekorationen nehmen einen besonderen Platz ein, und unsere Ideen gefallen sicher auch trendbewußten Teenagern.

Es ist die Bereitschaft, etwas Zeit und Arbeit in die Details zu investieren, die letztendlich den Unterschied zwischen einem normalen und einem kreativen Zuhause ausmacht.

Eines der einfachsten Mittel zur Umgestaltung eines Zimmers ist ein neuer Lampenschirm. Ein neuer Wandanstrich ist auch eine gute Idee; das geht schnell und kostet nicht viel.

Wohn- und Esszimmer

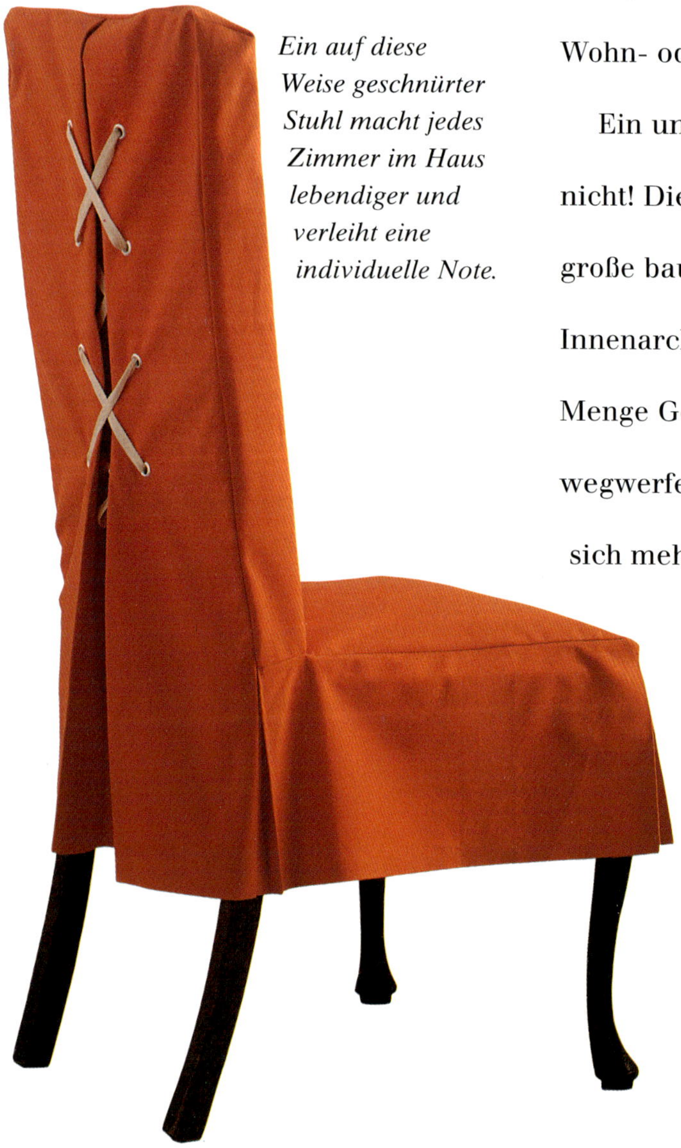

Ein auf diese Weise geschnürter Stuhl macht jedes Zimmer im Haus lebendiger und verleiht eine individuelle Note.

Denken Sie einmal an ein helles Zimmer in kühlen, blassen Farben, mit gefälligen Stoffen und Mustern. Stellen Sie es sich weiter mit frechen Farbtupfern, phantastischen Details und einem Hauch von eleganter Untertreibung vor. Denken Sie an ein Strandhaus, Ferien, Freunde und an eine angenehme, informelle und beruhigende Stimmung. Und nun stellen Sie sich diese kühle Vision als Ihr eigenes Wohn- oder Eßzimmer vor.

Ein unmöglicher oder gar unglaublich teurer Traum? Ganz und gar nicht! Die Verwandlung Ihres Wohn- oder Eßzimmers bedeutet weder große bauliche Veränderungen noch das Engagement professioneller Innenarchitekten, die Ihr ganzes Haus auf den Kopf stellen und eine Menge Geld kosten. Sie müssen dazu auch nicht Ihre Lieblingssachen wegwerfen, Sie integrieren sie in Ihr neues Design und konzentrieren sich mehr auf die ausschlaggebenden Details.

In diesem Kapitel erfahren Sie, wie ideenreiches Vorgehen geradezu Wunder bewirken kann. Wir zeigen Ihnen viele Ideen für kleine und große Projekte gleichermaßen. Mit den kleinen Tips und Tricks kann jeder sein individuelles, professionell gestaltetes Wohn- und Eßzimmer kreieren.

Die alte Lampe neu zu beziehen oder eher gewöhnlichen Kissen Ihre persönliche Note zu geben, klingt nach einer nur geringfügigen Veränderung, aber der Effekt ist umwerfend.

Heutzutage sind auch umfangreiche Projekte einfacher zu bewältigen als je zuvor. Verwandeln Sie langweilige, beschädigte Wände oder einen Fußboden in ein Kunstwerk. Ohne großen Aufwand und teure Materialien können gestrichene Holzleisten an den Wänden angebracht werden, was ihnen eine ganz besondere Note gibt.

Die Heftmaschine und der Saumfixierer sind preiswerte und einfache Werkzeuge, um Kissen zu beziehen oder Vorhänge anzubringen. Heutzutage müssen Sie nicht einmal mehr nähen. Ihr neues Design wartet schon auf Sie!

DEKOSOFA

DEKORIEREN SIE EIN GANZ NORMALES SOFA mit einer Schnur, die an der Armlehne herunterläuft und über das Unterteil zur anderen Armlehne führt. Diese Dekoration wirkt besonders gut in Weiß auf Weiß, da das Auge zwar die Form erkennt, aber die Dekoration nicht hervorsticht. Andere stilvolle Dekorationen für Ihr Sofa sind zum Beispiel ein Bastrand, Leinenquasten und Fransen.

SIE BRAUCHEN

kariertes / normales Papier
Bleistift
Schnur in der passenden Länge
Klebeband
Schere
Stecknadeln
Nadel
kräftiger Nähfaden

eins *Entwerfen Sie einige Muster für die Schnur auf Papier und wählen Sie das hübscheste aus. Das Muster sollte zum Design Ihres Sofas passen.*

zwei *Wickeln Sie das Klebeband um die Schnurenden. So franst die Schur nach der Befestigung nicht aus.*

drei *Schneiden Sie die umwickelten Schnurenden so knapp wie möglich ab. Heften Sie die Schnur mit Stecknadeln an das Sofa. Nähen Sie die Schnur fest an den Sofabezug.*

Fensterschabracke

Kreieren Sie ein grossartiges Fenster, indem Sie eine Schabracke mit gesäumtem Rand und einer Dekoschnur anbringen. Die Rundungen der Schabracke verleihen einem gewöhnlichen Fenster große Eleganz. Sie können das Design auch auf Stühlen oder Sofas im Zimmer wiederholen. Die Schabracke läßt sich auch rings um das Zimmer an der Decke entlang anbringen, dann allerdings sollten Sie die Schabracke in der Farbe der Zimmerwände bemalen, damit der Kontrast das Auge nicht stört. Schabracken können Sie in allen Farben und Formen anfertigen. Experimentieren Sie mit einer V-Form, an derem spitzen Ende Sie kleine Glocken anbringen, sowie mit umgekehrten Burgzinnen oder ähnlichem. Schneiden Sie zunächst die Form aus Papier aus und bringen Sie die Schablone am Fenster an, um den optischen Effekt zu testen.

Sie brauchen

Maßband
2 Teller
Papier für die Schablone
Bleistift
Vorhangstoff
Schneiderschere
Einlage für den Stoff (Karton)
Stecknadeln
Nähmaschine und -faden
Bügeleisen
Dekoschnur
Holzleiste
Hammer und Reißzwecken

eins *Messen Sie das Fenster aus, damit Sie die Maße der Schabracke festlegen können. Geben Sie 5 cm für die Leiste dazu. Für eine gleichmäßige Schablone verwenden Sie die Teller.*

zwei *Schneiden Sie zwei Stücke Stoff für das Vorder- und Hinterteil der Schabracke. Schneiden Sie die Einlage zur Stärkung des Stoffes zu und heften Sie alles zusammen.*

drei *Zeichnen Sie die Schablone mit Bleistift auf den Stoff. Heften Sie das Material nah am Rand zusammen.*

vier *Schneiden Sie die Rundungen ca. 1 cm vom Rand entfernt zu und nähen Sie die Stoffstücke zusammen.*

fünf *Schneiden Sie den Stoff und die Einlage entsprechend zu, damit die Rundungen flach aufliegen.*

sechs *Bügeln Sie die Ränder der Schabracke auf der Rückseite glatt. Stecken Sie die Nähte ab und nähen Sie alles mit der Maschine zusammen.*

sieben *Messen Sie die Rundungen ab und schneiden Sie ein passendes Stück Dekoschnur ab. Sie können hier verschiedene Farben oder unterschiedliche Schnurstärken verwenden.*

acht *Heften Sie die Dekoschnur an die Schabracke und nähen Sie die Schnur von Hand an. Bringen Sie die Schabracke an einer Holz- oder Vorhangleiste an und hängen sie an das Fenster.*

GEWICKELTER LAMPENFUSS

ALTE UND EHER HÄSSLICHE LAMPENFÜSSE lassen sich hervorragend mit Schnur umwickeln und erhalten so ein völlig neues Design. Verwenden Sie einen Fuß mit einer schönen Form und guten Proportionen. Bei der Schnur können Sie frei wählen, z.B. eine weiche, feine Schnur in Weiß oder dicke, braune Paketschnur, je nach gewünschtem Effekt. Sie können die Schnur auch später noch bemalen, um den Lampenfuß farblich dem Zimmer anzupassen.

SIE BRAUCHEN

Klebepistole und Allzweckkleber

Lampenfuß

Schnur

Skalpell oder Schere

eins *Erhitzen Sie die Klebepistole und geben Sie einen Klecks Kleber auf den unteren Rand des Lampenfußes. Drücken Sie die Schnur an. Geben Sie immer nur wenig Kleber hinzu, während Sie langsam die Schnur um den Sockel wickeln. Halten Sie dabei die Schnur angespannt.*

zwei *Die Schnur muß fest ankleben. Schneiden Sie die Schnur ab, sobald Sie das Loch für das Stromkabel erreichen. Geben Sie etwas Kleber auf die Ränder des Lochs. Wickeln Sie mit einem neuen Schnurstück weiter.*

drei *Geben Sie in regelmäßigen Abständen Kleber auf den Fuß, vor allem an den nach innen gewölbten Stellen, da sich dort die Schnur am ehesten lösen kann.*

vier *Am oberen Ende des Fußes bringen Sie reichlich Kleber auf. Schneiden Sie die Schnur schräg ab, damit sie flach aufliegt.*

STOFFLAMPENSCHIRM

GROBE BAUMWOLLE, wie sie auch für Küchenhandtücher verwendet wird, ist ein idealer Stoff für diesen rustikalen Lampenschirm. Man erhält diesen Stoff auch in Schlauchform, was das Beziehen des Schirms sehr einfach macht. Der Schlauch wird geöffnet und über den Schirm gezogen. Eine zweite Ebene verdeckt dann die erste, so daß sich die Stoffenden kräuseln und ein interessantes Muster bilden. Eine dritte Ebene wird über das Ganze gezogen, um alles an der richtigen Stelle zu fixieren.

SIE BRAUCHEN

Lampenschirm
Maßband
1,5 m Stoffschlauch am Stück
Stecknadeln
Nähnadel
passender Wollfaden
Sticknadel
gelber Stickfaden

eins *Schneiden Sie den Stoff in dreifacher Länge des Lampenschirms ab. Ziehen Sie ihn über den Schirm und rollen Sie die Enden über die Kanten.*

zwei *Halbieren Sie den restlichen Stoff und ziehen Sie eine weitere Lage über den Schirm. Heften Sie die zweite Lage nur in der jeweiligen Mitte an der Schirmkante fest, damit sich der Stoff aufrollen kann. Nähen Sie die untere Stofflage und die angehefteten Stellen der zweiten Lage an die Schirmkante.*

drei *Ziehen Sie die dritte Lage über den Schirm und befestigen Sie den Stoff oben und unten. Nähen Sie diese Lage auch an die Schirmkante.*

vier *Für einen schönen Farbtupfer sticken Sie noch mit gelbem Stickfaden ein Kreuzmuster oben und unten auf die Kanten.*

Wanddekoration

Ein Seilmuster als Wanddekoration liegt voll im Trend. Heutzutage werden immer mehr natürliche Materialien für Innendekorationen verwendet. Durch das Seil erhalten Sie schöne, geschmeidige Kurven, so daß das Muster auch etwas komplizierter sein kann. Für kleine Bereiche oder um gezielt eine einzige Stelle der Wand zu verkleiden, können Sie Quadrate aus Seil anbringen und erst dann verschiedene Muster einbauen. Sie können mit dem Seil auch Zierleisten oder Rahmen für Bilder oder Poster gestalten.

SIE BRAUCHEN

Papier
Bleistift
Wasserwaage
Richtscheit
Seil
Klebepistole und Klebestifte
Klebeband
Teppichmesser
weiße Emulsionsfarbe
Pinsel

eins *Planen und malen Sie das Muster als Schablone auf Papier.*

zwei *Mit Wasserwaage und Richtscheit bringen Sie die Schablone an.*

drei *Heften Sie das Seil mit der Klebepistole an die Wand. Legen Sie z.B. leere Farbdosen an, um perfekte Rundungen zu erzielen. Es ist leichter, das Seil zu schneiden, wenn Sie Klebeband um die Schneidestellen wickeln.*

vier *Bemalen Sie Wand und Seil mit weißer Emulsionsfarbe, um eine gleichmäßige Struktur zu erhalten.*

Sofakissen

Kissen verleihen einem Raum einen ganz individuellen Stil und lassen ihn komfortabler wirken. Naturfarben und -materialien passen zu fast jedem Sofa. Dekorative Schleifen, Knöpfe mit großen Schlaufen oder ein mit Dekoschnur eingefaßter Rand peppen das einfache Design auf. Sollten Sie kraftvollen Farben gegenüber den hier gezeigten Naturtönen den Vorzug geben, können Sie auch blaue, rote, orangefarbene oder lila Stoffe verwenden. Blau mit Weiß sieht auch immer frisch und hübsch aus.

eins *Verwenden Sie eine dünne Schnur und experimentieren Sie ein wenig, z.B. mit Schlaufen an den Ecken. Sobald Sie sich für ein Muster entschieden haben, heften Sie die Schnur an den Bezug. Nähen Sie die Schnur von Hand an. Beziehen Sie dann das Kissen.*

zwei *Für das Schleifenkissen schneiden Sie ein Stück Segeltuch zu, das an den Rändern 1,5 cm länger ist als das Kissen (Saum). Das zweite Stück sollte an einer Seite ca. 15 cm länger sein (zum Umschlagen). Heften Sie die Stücke aneinander, bügeln Sie den Stoff und nähen Sie ihn zusammen.*

drei *Für die Schleifen schneiden Sie 6 Stoffstücke von 6 x 28 cm zu. Falten Sie die Stücke einmal der Länge nach. Heften, bügeln und nähen Sie die Bänder seitenverkehrt an den Längsseiten zusammen. Wenden Sie den Stoff und nähen Sie die kurzen Enden zusammen. Nähen Sie die Bänder paarweise an das Kissen.*

vier *Für das Kissen mit Knöpfen und Schlaufen messen Sie die Breite und Länge des Kissens. Verdoppeln Sie die Länge und geben Sie 10 cm für die Öffnung dazu, plus 3 cm für den Saum. Schneiden Sie einen 7,5 cm langen Streifen in Kissenbreite plus Saum zu und falten Sie den Stoff in der Mitte.*

Sie brauchen

Kissen mit Schnurkante

etwa 2 m Schnur
Stecknadeln
Kissenbezug aus Leinenstoff
Nähnadel
passender Nähfaden
Kissen

Kissen mit Schleifen

Kissen
Maßband
Segeltuch
Schneiderschere
Stecknadeln
Nähnadel
Heftfaden
Bügeleisen
Nähmaschine
passender Nähfaden

Kissen mit Knöpfen und Schlaufen

Kissen
1 m Leinenstoff
Schneiderschere
Stecknadeln
Nähnadel
Heftfaden
Nähmaschine
passender Nähfaden
kleine Sicherheitsnadel
Bügeleisen
8–10 kleine Knöpfe

fünf *Für die Knopfschlaufen schneiden Sie 2,5 cm breite Streifen Leinen in der gewünschten Anzahl ab. Heften und nähen Sie den Stoff seitenverkehrt zusammen. Beschneiden Sie ihn direkt an der Naht und wenden Sie die Schlaufen mit einer Sicherheitsnadel.*

sechs *Messen Sie die Knöpfe aus und schneiden Sie die Schlaufen in die richtige Länge. Befestigen Sie die Schlaufen mit Stecknadeln zwischen dem Kissenbezug (Rückseite) und dem 7,5 cm breiten Stoffstreifen. Nähen Sie die Schlaufen fest.*

sieben *Nähen Sie die Kissenkanten auf der Rückseite rundherum aneinander. Wenden Sie den Bezug und bügeln Sie ihn. Markieren Sie die Stellen für die Knöpfe mit Stecknadeln und nähen Sie diese von Hand an. Legen Sie das Kissen ein.*

GETÜNCHTER LAMPENFUSS

EINE LANGWEILIG WIRKENDE LAMPE bekommt ein neues, frisches Design, wenn Sie den Lampenfuß in modischen Farben übertünchen. Schauen Sie sich doch einmal nach alten Lampen auf Trödelmärkten um und geben Sie diesen einen neuen, lebendigen Look. Dieser Holzfuß wurde mit zwei Farben gestrichen, um den Tüncheffekt zu erzielen. Die erste Farbschicht, blau-grau, wird zwar abgewischt, aber ein Rest Farbe verbleibt in der Maserung des Holzes. Die zweite, weiße Schicht wird ebenfalls abgewischt.

SIE BRAUCHEN

Lampe mit Holzfuß
Emulsionsfarbe: blaugrau & weiß
Pinsel
2 Stofflappen
Sandpapier

eins *Entfernen Sie den alten Anstrich des Fußes mit Sandpapier. Streichen Sie die erste blau-graue Schicht auf das Holz.*

zwei *Bevor die Farbe ganz trocken ist, wischen Sie sie mit einem Stofflappen ab, so daß nur Farbreste in der Maserung verbleiben. Lassen Sie den Sockel nun trocknen.*

drei *Schleifen Sie vorsichtig die hervorstehenden Holzringe (sofern vorhanden) des Fußes mit Sandpapier ab.*

vier *Streichen Sie den ganzen Sockel mit der weißen Farbe. Wischen Sie die Farbe mit dem zweiten Stofflappen ab. Lassen Sie den Fuß trocknen. Schmirgeln Sie vorsichtig die hervorstehenden Holzringe mit Sandpapier ab.*

BUNTE HOLZLEISTEN

MANCHMAL SIND DIE EINFACHSTEN IDEEN einfach die besten. Holzleisten in regelmäßigen Abständen an der Wand haben eine durchschlagende Wirkung. Verwenden Sie kleinere Flächen oder eine einzige Wand, z.B. eine Nische. Wichtig ist nur, daß die Farben entweder stark zur Wandfarbe kontrastieren oder mit ihr übereinstimmen. Sollten Sie die Zeit haben, können Sie auch den oberen und den unteren Teil der Holzlatten in unterschiedlichen Tönungen derselben Farbe streichen. Die Latten in diesem Beispiel haben die Maße 5 x 2,5 cm breit.

SIE BRAUCHEN

Maßband
Holzlatten
Bleistift
Säge
matte Emulsionsfarbe: blau und weiß
Pinsel
Wasserwaage
Bohrmaschine
Dübel
Holzschrauben
Lineal

eins *Messen Sie die Höhe und Breite der Wand. Prüfen Sie, ob die Wand überall gleich breit ist. Sägen Sie die Holzleisten. Malen Sie die Leisten auf den drei sichtbaren Seiten an. Nehmen Sie dazu entweder dieselbe oder drei verschiedene Farben. Auch drei Tönungen derselben Farbe sehen gut aus.*

zwei *Markieren Sie mit der Wasserwaage genau die Position der ersten Leiste.*

drei *Bohren Sie Löcher in die Wand und stecken Sie Dübel hinein. Bohren Sie Löcher in das Holz und schrauben Sie die Leiste an die Wand. Markieren Sie die Stelle für die nächste Leiste. Die Leisten sollten immer denselben Abstand haben.*

FISCHGRÄTENPARKETT

EIN BODEN MIT FISCHGRÄTENMUSTER wirkt elegant und erinnert an die Parkettböden einer schönen, alten Villa. Er wirkt zwar heller und moderner, hat aber immer noch diesen antiken Touch. Verwenden Sie blasse, sanfte Farbtönungen, die das dunkle Holz heller wirken lassen. So erinnert Ihr Fußboden an ein Strandhaus oder an eine moderne skandinavische Wohnung. Um die Maserung des Holzes zu betonen, sollten Sie jedes Stück einzeln streichen.

SIE BRAUCHEN

Sperrholz
Säge
Maßband
Sandpapier
matte Emulsionsfarbe: creme, blau und weiß
Pinsel
matte Glasur
Stoff
Bodenkleber
Mattlack

eins *Der Fußboden muß sauber, eben und trocken sein. Sägen Sie die Enden der Holzlatten schräg ab. Denken Sie daran, daß Sie die gleiche Anzahl rechts und links angeschrägter Latten benötigen. Messen Sie, wieviel Holz Sie für den Boden brauchen und schneiden Sie die Latten zurecht.*

zwei *Schleifen Sie alle Holzsplitter mit Sandpapier ab und geben Sie eine Schicht Creme-Farbe auf die Oberseite. Lassen Sie die Farbe trocknen.*

drei *Verwenden Sie mindestens vier verschieden Blautöne. Geben Sie zu jeder Farbe ein wenig matten Lack, damit das Holz nicht so schnell trocknet. Verdünnen Sie eine der Farben mit Wasser, um sie noch transparenter zu machen. Streichen Sie gleich viele Teile Holzlatten mit den verschiedenen Farben.*

vier *Wischen Sie die meiste Farbe mit einem fusselfreien Tuch wieder ab, solange die Farbe noch naß ist. Das Holz sollte durchscheinen. Wischen Sie immer in der Maserungsrichtung.*

fünf *Für den verwitterten Look reiben Sie einige Latten mit Sandpapier ab, wenn die Farbe getrocknet ist; das ergibt einen stärkeren Kontrast. Legen Sie den Fußboden gemäß den Anleitungen auf S. 44–45 aus. Der Boden muß vollständig trocken und staubfrei sein, dann versiegeln Sie ihn mit Mattlack.*

GEOMETRISCHES WANDBRETT

SIE MÜSSEN KEIN KÜNSTLER ZU SEIN, um aus Ihrer Wand ein Kunstwerk zu machen. Mit einer Holzfaserplatte, einem einfachen, sich wiederholenden Muster und ein wenig Zeit und Geduld können Sie eine wunderschöne Dekoration herstellen, ohne gleich ein Vermögen auszugeben. Sie brauchen nur eine Vorlage, und wenn Sie mit einfachen Mustern arbeiten, können Sie diese sogar selber machen. Dennoch sollten Sie sich umschauen, vielleicht finden Sie ja genau die richtige Inspiration in einem Katalog, in Geschäften oder Galerien.

eins *Die von Ihnen gewählten Farben sollten zur Einrichtung passen. Erstellen Sie einen Plan des Musters auf Papier. Das hier gezeigte Design stammt von einem Bogen Geschenkpapier. Schneiden Sie die Holzfaserplatte zu und malen sie blau an.*

zwei *Lassen Sie die Platte trocknen. Zeichnen Sie zuerst die Quadrate auf die Holzfaserplatte, dann die Kreisschablone mit Lineal und Zirkel auf die Overheadfolie. Schneiden Sie die Schablone mit dem Teppichmesser auf der Schneidematte aus.*

drei *Befestigen Sie die Schablone mit Klebeband auf einem Quadrat. Malen Sie zunächst alle gelben Kreise und Umrisse, dann die rostroten.*

vier *Beheben Sie kleine Malfehler mit dem dünnen Pinsel. Wenn die Farbe trocken ist, radieren Sie alle Bleistiftmarkierungen aus.*

SIE BRAUCHEN

Schmierpapier
Bleistift
Lineal
2 Geodreiecke
Holzfaserplatte
Maßband
Säge
Emulsionsfarbe: blau, gelb und rot
Pinsel
Overheadfolie
Teppichmesser
Schneidematte
Klebeband
Schablonenpinsel
dünner Pinsel
Radiergummi
Klarlack
Lackpinsel
Ösen
Draht
Haken
Hammer
Bohrmaschine
Dübel
Holzschrauben

fünf *Versiegeln Sie die Oberfläche mit Mattlack. Befestigen Sie das Brett an der Wand, indem Sie Ösen anbringen und Bilderdraht durchziehen. Hängen Sie das Brett an einen Haken, als ob Sie ein Bild aufhängen würden. Sie können auch Löcher in die Wand bohren und das Brett mit Schrauben und Dübeln befestigen (wobei Sie die Schraubenköpfe in der Farbe des Wandbretts nachstreichen können).*

WOHNZIMMERVORHANG

Nur weil Sie einen teuren Vorhangstoff gekauft haben, müssen Sie nicht genauso viel für die Montage ausgeben. Dieser Vorschlag wirkt professionell und kann ohne großen Aufwand umgesetzt werden. Messen Sie die zukünftige Länge des Vorhangs aus und verdreifachen Sie das Ergebnis. Der Saum wird lediglich gebügelt, alles andere wird mit der Heftmaschine und einer Schnur befestigt. Man kann sich kaum vorstellen, daß eine so schöne Fensterdekoration ohne Nähen hergestellt werden kann. In den folgenden Anleitungen lüften wir das Geheimnis für Sie.

SIE BRAUCHEN

gestreifter Vorhangstoff

Schere

Saumfixierer (zum Aufbügeln) oder doppelseitiges Teppichklebeband

Bügeleisen

2 Holzlatten in Fensterbreite, plus 30 cm pro Seite

Wasserwaage

Bohrmaschine

Schrauben und Dübel

Schraubenzieher

Heftmaschine

Schnur

eins *Teilen Sie den Stoff in drei gleichlange Stücke, zwei für den Vorhang, eines für den Überhang. Falten Sie einen Saum an beiden Enden des Überhangs und an je einem Ende der Vorhänge. Bügeln Sie den Saum mit Saumfixierer fest. Bringen Sie eine der Latten mit der schmalen Seite an der Wand über dem Fenster an. Benutzen Sie dazu die Wasserwaage. Schrauben Sie die zweite Latte im rechten Winkel auf der ersten fest.* ➤

zwei *Bringen Sie den ersten Vorhang mit der Heftmaschine an der Latte an. Heften Sie zuerst das äußere Ende fest, dann das innere. Der Vorhang bedeckt nun etwa die Hälfte des Fensters.*

drei *Halten Sie den Stoff mit der Hand von der Latte weg. Suchen Sie etwa die Mitte und bringen Sie dort eine Heftklammer an. Suchen Sie nun wiederum jeweils die Mitte und heften Sie den Vorhang dort fest. Wenn Sie die gewünschte Anzahl Falten haben, verfahren Sie genauso mit dem zweiten Vorhang.*

vier *Halbieren Sie den Überhang längs. Heften Sie ihn genau in der Mitte in der Falz auf die Latte, so dicht an die Wand wie möglich. Raffen Sie den Überhang an den Seiten zusammen und heften Sie ihn so fest, daß die Streifen locker herunterfallen und zu den beiden Vorhangstücken passen.*

fünf *Raffen Sie den Stoff des Überhangs an beiden Enden und binden Sie ihn mit der Schnur zusammen. Probieren Sie so lange, bis der Stoff richtig fällt. Heften Sie die Schnur nun ebenfalls an die Latte.*

sechs *Binden Sie den Überhang mit einer zweiten Schnur ca. 30 cm tiefer fest zusammen. Lassen Sie genug Schnur für einen weiteren Knoten übrig, wenn Sie das abgebundene Stück an die Latte heften.*

sieben *Ziehen Sie das abgebundene Stück hoch und wickeln Sie die Schnurenden fest um den ersten Knoten. Bauschen Sie das abgebundene Stück auf. Sie können es mit Heftklammern an die Latte heften. Arrangieren Sie anschließend die Falten.*

MARINEBLAUER VORHANG

Der marineblaue Vorhang ist sehr einfach im Design, aber dennoch ein guter Lichtblocker. Segeltuch ist so schwer wie Jeansstoff, und mit doppelseitigem Teppichklebeband können Sie den oberen Rand zusätzlich verstärken. Dann können Sie auch Metallösen verwenden, die man normalerweise für Segel oder Zelte benutzt. Sie brauchen etwa anderthalbmal mehr Stoff als die Fensterbreite plus 5 cm oben und unten, um schöne Falten zu erhalten. Bei Vorhängen sollte man lieber etwas mehr Stoff als zu wenig verwenden, also seien Sie hier ruhig großzügig mit dem Segeltuch.

SIE BRAUCHEN

doppelseitiges Teppichklebeband
Teppichmesser
marineblaues Segeltuch
Karton-Unterlage
Lineal
Bleistift
Lochmaschine
Hammer
Bronzeösen
Draht in Fensterbreite
2 Schlaufenhalter (für Draht)
2 Metallringe
Zange
Bohrmaschine
2 Dübel und Haken

eins *Bringen Sie das Klebeband am oberen Ende des Vorhangs an. Lassen Sie einen Saum stehen. Ziehen Sie das Papier ab und falten Sie den Saum darüber. Achten Sie darauf, daß keine Falten entstehen.*

zwei *Legen Sie den Vorhang auf eine Unterlage. Markieren Sie die Stellen für die Löcher mit einem Bleistift und einem Lineal, in etwa 20 cm Abstand zueinander. Machen Sie das erste Loch.*

drei *Legen Sie die untere Ösenhälfte genau unter das Loch. Legen Sie die obere Ösenhälfte darüber und schlagen Sie mit einem Hammer fest darauf.*

vier *Schlagen Sie mit dem Hammer auf das Hilfswerkzeug, das normalerweise mit den Ösen geliefert wird, und verbinden Sie beide Hälften. Verfahren Sie mit den übrigen Löchern genauso.*

fünf *Führen Sie den Draht durch den Halter und machen Sie eine Schlaufe. Legen Sie den Metallring in die Schlaufe, ziehen Sie den Draht an. Hämmern Sie den Halter fest und drücken Sie ihn mit einer Zange fest zusammen.*

sechs *Bohren Sie Löcher und bringen Sie die Wandhaken an. Hängen Sie die Schlaufe ein und führen Sie den Draht durch alle Ösen des Vorhangs.*

sieben *Verfahren Sie mit dem anderen Ende des Drahts wie mit dem ersten. Wenn Sie die Schlaufe einhängen, können Sie den Draht so festzurren, daß der Vorhang gut fällt.*

Plastiklampenschirme

Dünnes, buntes Plastik ist wunderbar für Lampenschirme geeignet. Die Plastikfolien erhalten Sie in Baumärkten oder im Bastlerbedarf. Es gibt sie in vielen verschiedenen Farben, die Form schneiden Sie sich nach Wunsch selber zu. Sie brauchen nicht einmal einen Saum, da sich das relativ harte Material am besten mit Schrauben und Muttern befestigen läßt.

Sie brauchen

Packpapier
Sprühkleber
Plastikfolie
Teppichmesser
Unterlage
Kugelschreiber
Lineal
Stoffklebeband
Klebeband
Holzblock
Bohrmaschine
Schrauben und Muttern

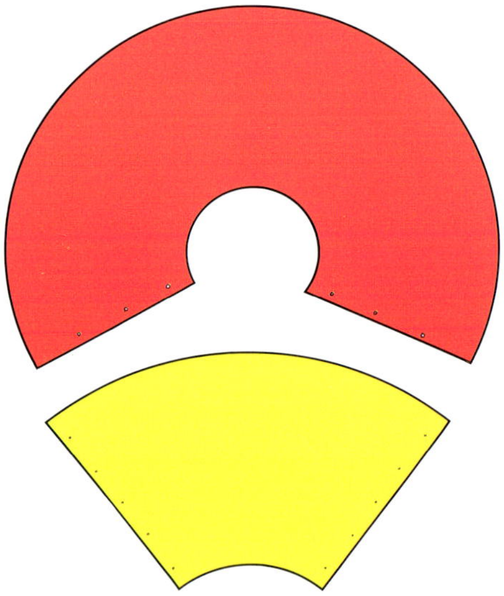

ROTER SCHIRM

eins *Fertigen Sie eine Schablone (Bild rechts) aus Packpapier an. Sprühen Sie das Papier mit Kleber ein und kleben es auf das Plastik. Schneiden Sie die Form aus. Für das Zahnmuster nehmen Sie eine Vorlage aus Karton. Übertragen Sie das Muster auf das Plastik und schneiden es dann mit einem Teppichmesser aus.*

zwei *Schneiden Sie bei dem Zahnmuster von innen nach außen. Entfernen Sie das Papier. Heften Sie die Naht des Lampenschirms mit Stoffklebeband zusammen. Darüber kleben Sie normales Klebeband. Legen Sie die Naht auf den Holzblock und bohren Sie drei Löcher hinein. Ziehen Sie das Klebeband ab und befestigen Sie die Naht mit Schrauben und Muttern.*

GELBER SCHIRM

eins *Fertigen Sie eine Schablone (Bild rechts) aus Packpapier an. Sprühen Sie das Papier mit Kleber ein und kleben Sie es auf das Plastik. Schneiden Sie die Form mit einem Teppichmesser aus und entfernen Sie das Papier.*

zwei *Kleben Sie die Naht des Lampenschirms mit Stoffklebeband zusammen, darüber kommt normales Klebeband.*

drei *Mit einem Lineal markieren Sie fünf Löcher in gleichem Abstand zueinander. Legen Sie die Naht auf den Holzblock und bohren Sie fünf Löcher durch das Klebeband. Ziehen Sie das Klebeband ab und bringen Sie die Schrauben und Muttern an.*

DRAPIERTER KLAPPSTUHL

MIT STOFF VERKLEIDET wird der sonst eher nüchterne Klappstuhl fast schon zum Armsessel. Verwenden Sie eine ganz einfache Vorlage aus Quadraten und Rechtecken, die Sie nur zusammenbinden. Sie können den Bezug dann über den Stuhl stülpen, ohne ihn zu bügeln. Er kann jederzeit abgenommen werden, wenn der Klappstuhl nicht gebraucht wird.

SIE BRAUCHEN

Klappstuhl
Maßband
2,5 m x ca. 130 cm Stoff
Schneiderkreide
Lineal
Schere
Stecknadeln
passender Faden
Nähmaschine
Bügeleisen

eins *Messen Sie: (a) vom Boden bis zur oberen Kante der Rückenlehne; (b) von dort bis zum Sitz; (c) die Länge des Sitzes; (d) die Breite des Sitzes; (e) von der Mitte der Lehne bis zum Sitz; (f) von der Lehne zum Boden; (g) vom Sitz bis zum Boden.*

zwei *Messen Sie den Stoff und zeichnen Sie die Stoffstücke direkt auf den Stoff. Geben Sie ringsherum etwas Stoff für den Saum zu. Schneiden, heften und nähen Sie den Stoff, wie es im Anhang des Buches auf S. 251 beschrieben wird.*

drei *Schneiden Sie ca. 2,5 cm breite und 40 cm lange Streifen für die Schleifen aus. Nähen Sie die Streifen an der Längsseite zusammen, wenden Sie den Stoff, um die kurzen Enden zusammenzunähen. Nähen Sie die Bänder an die Stoffstücke.*

vier *Legen Sie den Stoff kreuzweise (siehe Diagramm) übereinander. Stülpen Sie den Bezug über den Stuhl.*

GESCHNÜRTER STUHLBEZUG

Verwandeln Sie einen langweiligen Stuhl in ein buntes, modernes Kunstwerk. Dieser Bezug kann jederzeit abgenommen werden. Segeltuch ist recht kostengünstig und in vielen Farben erhältlich. Der Stoff sollte jedoch stabil sein, sonst müssen Sie die Rückenlehne noch auspolstern. Auch Leinenstoff ist geeignet. Es gibt verschiedene Varianten, wie Sie den Stoff festbinden können, z.B. mit Knöpfen oder Haken. Hier sehen Sie einen Vorschlag mit Ösen.

SIE BRAUCHEN

Stuhl
Maßband
Schaumstoff (für die Rückenlehne)
Schere
Klebeband für die Schleifen
Wattierung (für die Rückenlehne)
Polsternadeln
Buntstift
dünnes Papier
3 m x 130 cm Segeltuch
Stecknadeln
Nähmaschine
passender Faden
Bügeleisen
Sicherheitsnadeln
Schneiderkreide
Locher
Hammer
8 Ösen
Ösenzange
ca. 3 m Baumwollschnur

eins *Messen Sie die Rückenlehne des Stuhls aus. Schneiden Sie den Schaumstoff in diese Größe und befestigen Sie ihn oben und unten an der Lehne.*

zwei *Decken Sie den Schaumstoff mit der Wattierung ab, die Sie mit den Polsternadeln befestigen.*

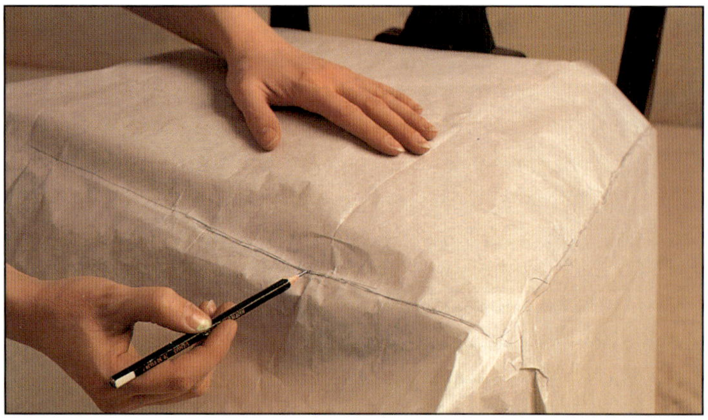

drei *Legen Sie das dünne Papier auf den Stuhlsitz und zeichnen Sie die Form nach. Geben Sie ca. 4 cm für den Saum dazu. Verfahren Sie ebenso bei der Rückenlehne.*

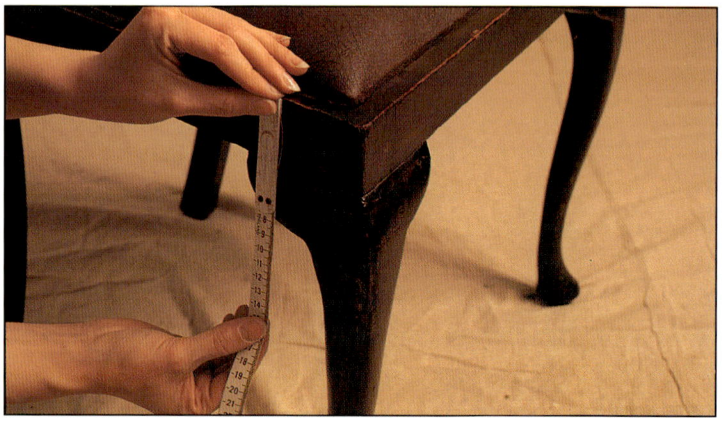

vier *Entscheiden Sie, wie tief der Stoff vom Sitz herunterhängen soll und messen Sie den gesamten Rücken. Zeichnen Sie eine Schablone gemäß dem Diagramm auf S. 40.*

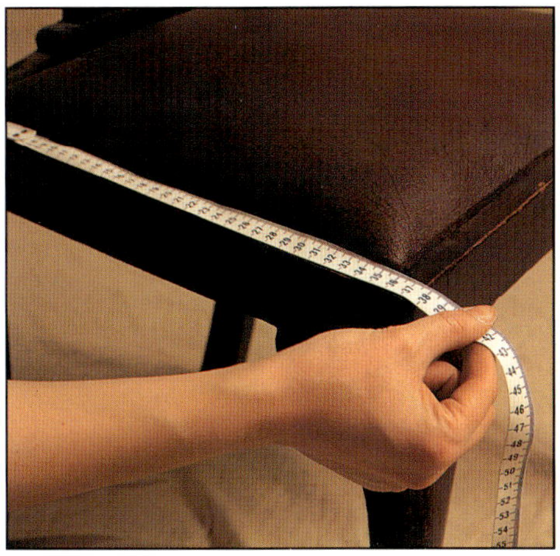

fünf *Messen Sie die Seitenteile und geben Sie 30 cm für jede Eckfalte dazu. Fügen Sie auch für den Saum 4 cm hinzu. Machen Sie wieder eine Schablone.*

sechs *Legen Sie ihre Schablonen auf den Stoff, schneiden Sie alle Teile aus. Heften Sie ihn auf der Rückseite zusammen. Stecken Sie eine Rückenfalte von 4 cm ab. Bügeln Sie die Falte.*

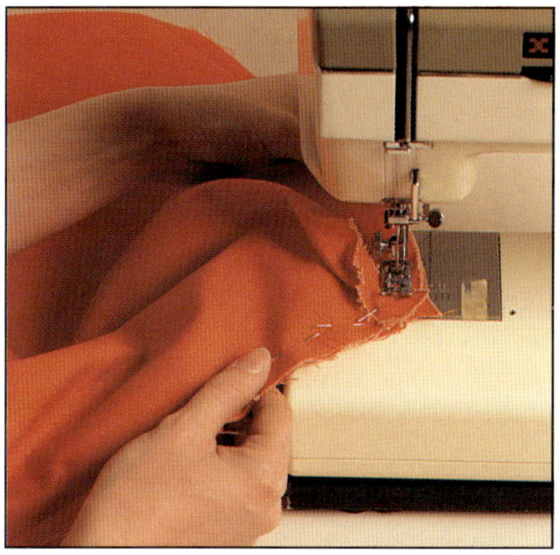

sieben *Nähen Sie das Vorderteil an das Stoffteil für den Sitz. Schneiden und bügeln Sie den Saum.*

acht *Nähen Sie das Vorder- und Rückenteil oben und an den Seiten zusammen. Säumen Sie dann den Überhang. Stecken Sie die Falten ab, so daß sie genau an den Ecken sind und nähen Sie die Teile oben zusammen.*

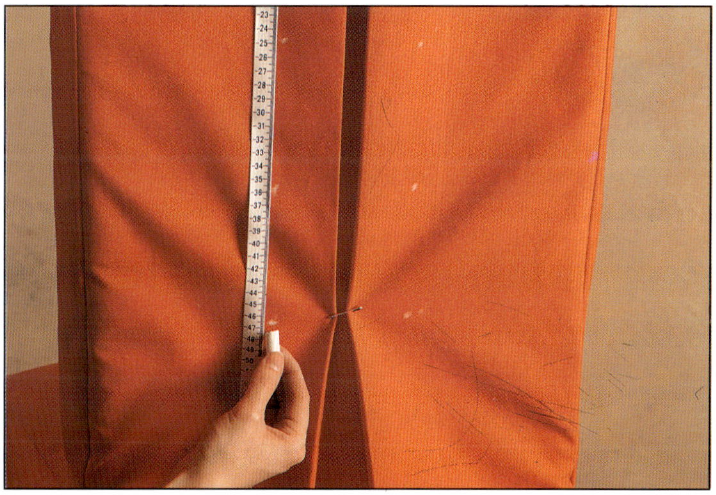

neun *Stülpen Sie den Stoff über den Stuhl. Schließen Sie die hintere Falte mit Sicherheitsnadeln und markieren Sie die Stellen für die Ösen.*

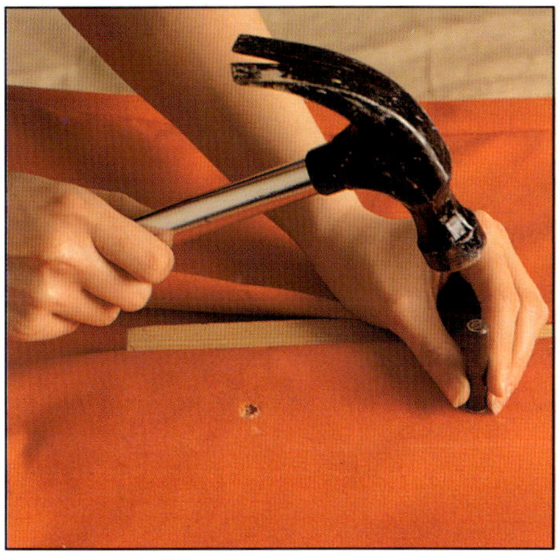

zehn *Ziehen Sie den Stoff wieder ab und machen Sie die Löcher für die Ösen.*

elf *Befolgen Sie die Anweisungen des Herstellers und bringen Sie die Metallösen an.*

zwölf *Ziehen Sie den Stoff wieder über den Stuhl und schnüren Sie ihn mit der Baumwollschnur.*

WEITER ➤

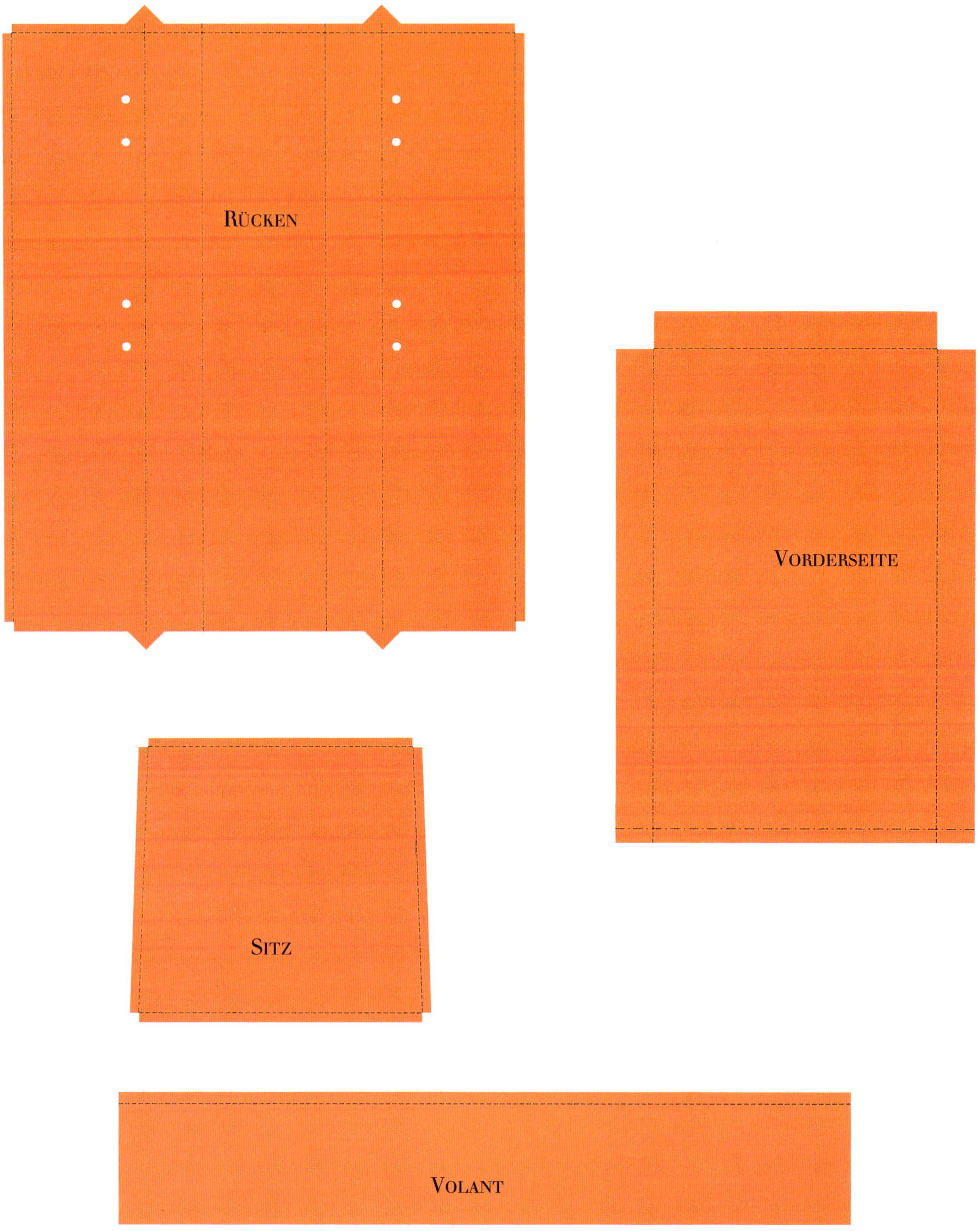
RÜCKEN
VORDERSEITE
SITZ
VOLANT

Esszimmerstuhl

Ein sehr modischer Effekt, ein hoher praktischer Nutzen, und Sie müssen nicht unbedingt nähen... Schneeweiß hat eine geradezu dramatische Wirkung, und bei dieser Idee müssen Sie den Stoff nicht einmal maßgerecht zuschneiden. Alles was Sie brauchen, ist ein großes Stück Stoff. Hier wird ein Bettlaken aus Baumwolle für ein Doppelbett verwendet. Es ist außen bereits gesäumt. Aber Sie können jeden Stoff benutzen, der weich genug ist, daß er geknotet werden kann. Aus praktischen Gründen wäre waschbarer Stoff von Vorteil.

SIE BRAUCHEN

Stuhl
Stoff
Nähmaschine

eins *Sie brauchen einen Stoff, der mindestens zwei- oder dreimal die Breite Ihres Stuhles hat. Falls notwendig, sollten Sie den Stoff säumen. Legen Sie den Stoff über den Stuhl und ziehen Sie ihn zurecht.*

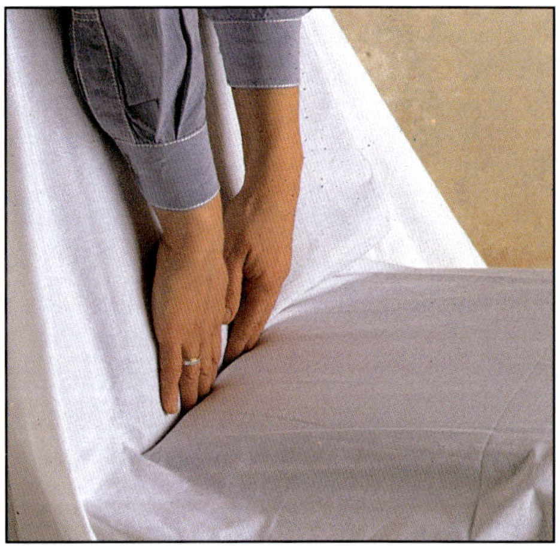

zwei *Stopfen Sie den Stoff zwischen Sitz- und Rückenteil fest. Hat der Stuhl Armlehnen, verfahren Sie so um das ganze Sitzteil herum, so verzieht sich der Stoff beim Hinsetzen nicht.*

drei *Ziehen Sie den Stoff in Richtung Stuhllehne.*

vier *Binden Sie den Knoten in einem Zug. Achten Sie darauf, daß beide Seiten die gleiche Länge haben und daß Sie attraktive Falten erhalten. Lassen Sie den Stoff hinter der Stuhllehne kaskadenartig herunterfallen.*

PARKETTBODEN

Ein schöner Parkettboden ist ein Blickfang und zudem praktisch. Aus den Holzlatten läßt sich eine große Vielfalt an Mustern gestalten. Legen Sie ein Parkett immer von innen nach außen, d.h. fangen Sie in der Zimmermitte an und arbeiten Sie sich zu den Außenrändern vor. Normalerweise ist Parkett aus naturbelassenem Eichenholz, aber Sie können das Holz nach Wunsch streichen oder lackieren.

SIE BRAUCHEN

Bleistift
Schnur
gezahnte Maurerkelle
Bodenklebstoff
Parkettleisten
1 Holzlatte
Lack
Pinsel
Sandpapier

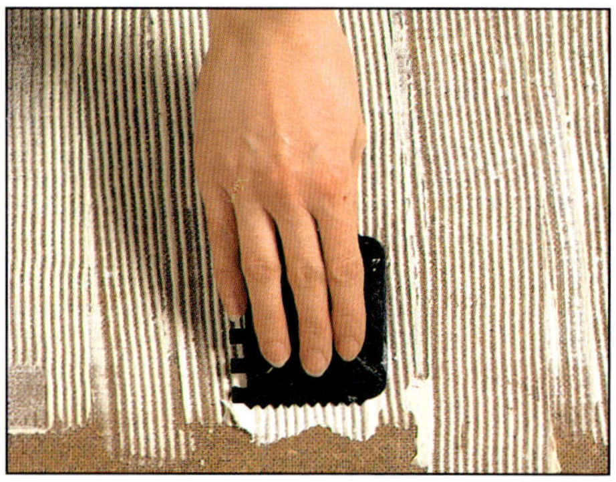

eins *Der Fußboden muß sauber, trocken und eben sein. Spannen Sie die Schnur von einer Zimmerecke zur anderen, um die Mitte zu finden. Malen Sie ruhig eine Schablone auf den Boden. Verteilen Sie auf einer kleinen Fläche etwas Bodenkleber.*

zwei *Verlegen Sie das Parkett darauf. Mit der Holzlatte können Sie prüfen, ob das Parkett eben liegt. Bedecken Sie so den ganzen Boden. Versiegeln Sie das Parkett in drei Schichten und rauhen Sie den Lack jedesmal ein wenig auf.*

Tanker

Holzplankenboden

Nut- und Federbretter sehen sehr stilvoll aus, wenn Sie mit Holzlack gestrichen werden. Glanzfarbe hält lange und kann leicht erneuert werden, sollte sie beschädigt werden. In einem Zimmer mit einem großem Fenster erhalten Sie einen besonders dramatischen Lichteffekt. Glanzfarbe zeigt alle Details und ist einfach das Richtige für das Holz in diesem Fall, sollte Ihr Boden aber schon etwas abgenutzt sein, können Sie auch matte Farben verwenden. Um einen solchen Boden zu legen, muß der Untergrund unbedingt eben sein.

Sie brauchen

- Nut- und Federbretter
- Hammer
- Bohrmaschine
- Fußbodennägel
- Nagelmaschine
- Sandpapier und Schleifmaschine
- Grundierfarbe
- Pinsel und Glanzlack

eins *Legen Sie die Paneele aneinander. Benutzen Sie zum Schutz der Federn ein Reststück und einen Hammer, um die einzelnen Paneele fest aneinanderzufügen. Wenn die Paneele verzogen sind, nageln Sie erst ein Ende in den Boden und bringen dann in regelmäßigen Abständen Nägel an.*

zwei *Um zu verhindern, daß die Federn zersplittern, bohren Sie kleine Löcher vor und schlagen die Nägel im schrägen Winkel ein (Nagelmaschine).*

drei *Mit dem kleinen Hammer schlagen Sie die Nägel ganz in das Holz, damit das nächste Paneel angefügt werden kann.*

vier *Sobald der ganze Boden liegt, rauhen Sie ihn erst mit grobem, dann mit feinem Sandpapier in Maserungsrichtung auf. Streichen Sie eine Schicht Grundierung über den Boden, lassen Sie die Farbe trocknen. Schmirgeln Sie die Paneele erneut ab. Streichen Sie den Boden mit Glanzlack.*

HELLER SESSEL

VIELE STÜHLE, DIE EIGENTLICH eine ansprechende Form haben, werden oft mit langweiligen Bezügen oder eintönigen, braunen Lackierungen versehen. Wenn man die alten Bezüge abzieht, kann man einen schöneren, freundlichen Bezug anbringen und den ehemals langweiligen Sessel in etwas ganz Besonderes verwandeln. Dehnbarer Strech-Stoff ist am besten dazu geeignet.

SIE BRAUCHEN

Stuhl
Sandpapier
Wachspolitur
Stretchstoff
Schere
Heftmaschine
Gummikleber
Pinsel
Hammer
Polsternadeln
dicker Karton

eins *Entfernen Sie den alten Bezug. Schmirgeln Sie das Holz ab und geben Sie eine Wachspolitur darauf. Benutzen Sie den alten Bezug als Schablone für den neuen. Schneiden Sie zunächst die Rückenlehne aus und spannen Sie den Stoff mit einem großzügigen Überstand. Mit der Heftmaschine können Sie den Stoff nun an der Rückenlehne befestigen. Fangen Sie oben an, fahren Sie unten fort, dann heften Sie die Seiten fest. Es ist wichtig, daß der Stoff immer gespannt bleibt.*

zwei *Schneiden Sie das Stück für den hinteren Teil der Rückenlehne und kleben Sie es so an, daß die Heftklammern verdeckt werden. Schlagen Sie einen Nagel in jede Ecke.*

drei *Zeichnen Sie die Schablone für den Sitz auf den Karton und heften Sie ihn auf der Unterseite des Sitzkissens fest. Spannen Sie den Stoff über das Kissen, falten Sie sorgfältig die Ecken und heften sie ihn an den Karton. Heften Sie den Stoff nun auf die Oberseite. Verfahren Sie wie bei der Rückenlehne, kleben Sie den Stoff fest.*

FRECHE FARBEN

FÜR FARBENFROHE WÄNDE können Sie alle Wände mit Farbblöcken bemalen. Der Effekt ähnelt dem eines kubistischen Gemäldes des holländischen Malers Piet Mondrian. Verwenden Sie ein normales, quadratisches Gitternetz als Vorlage und erzielen Sie so kräftige Muster in verschiedenen Farben. Das folgende Beispiel benutzt sehr kräftige Farben, aber Sie können ebensogut blassere Farbtöne verwenden. Enweder bemalen Sie alle Zimmerwände, oder Sie nehmen sich nur eine einzige Wand vor, ganz nach Ihrem persönlichen Geschmack.

SIE BRAUCHEN

Wasserwaage
Richtscheit
Bleistift
Schmierpapier
Emulsionsfarben nach Wahl
kleine und große Pinsel
Klebeband

eins *Mit der Wasserwaage und einem Bleistift zeichnen Sie das Gitternetz direkt auf die Wand.*

zwei *Wählen Sie die Farben. Probieren Sie die Kombinationen vorher auf Schmierpapier aus.*

drei *Mit Klebeband kleben Sie das erste Viereck ab, indem Sie die Musterquadrate miteinander kombinieren (als Quadrat, Rechteck oder um die Ecke laufend).*

vier *Malen Sie alle Farbblöcke aus, nehmen Sie anschliessend das Klebeband ab, um die Farbe trocknen zu lassen. Wiederholen Sie den Vorgang mit jeder weiteren Farbe.*

HOLZFUSSBODEN

EIN HOLZFUSSBODEN WIRKT elegant und klassisch. Eine große Auswahl an Längen, Holzarten und Polituren ermöglicht viele verschiedene Designs. Wenn Sie erst einmal wissen, welche Art Fußboden Sie möchten, haben Sie auch beim Muster viele Möglichkeiten. Dieses Beispiel kombiniert Walnußholz mit hellen Ahornleisten. Sie können auch nur mit einer Holzsorte arbeiten. Laminierte Holzsorten sind vorlackiert, andere müssen Sie selbst polieren und lackieren.

SIE BRAUCHEN

Unterlagen für Fußböden (nach Wunsch)
Klebeband
Verbindungsklemmen aus Metall für Böden
Hammer
Holzlatten
Distanzstücke
Holzkleber
Säge
Bleistift
Bohrmaschine

eins *Befestigen Sie zuerst die Unterlage auf dem Boden. Bereiten Sie die Holzlatten vor, indem Sie die Verbindungsklemmen auf der Unterseite mit dem Hammer anbringen. Legen Sie die erste Reihe an die Wand mit den Klemmen zu Ihnen.*

zwei *Benutzen Sie die Distanzstücke an der Wand. Kleben Sie die erste Reihe auf die Unterlage und legen Sie die nächste Reihe an. Mit einem Stück Restholz und einem Hammer passen Sie die zweite Reihe so an, daß die Klemmen einrasten. Fahren Sie fort.*

drei *Schneiden Sie die letzte Reihe maßgerecht. Lassen Sie etwas Platz für das Distanzstück. Geben Sie Kleber auf die letzte Reihe und hebeln Sie die Latten an die richtige Stelle. Drücken Sie die Latten mit einem Hammer leicht an.*

vier *Bringen Sie die Wandleiste wieder an und verdecken Sie mögliche Spalten zwischen Boden und Wand. Helfen Sie wenn nötig mit einem Hammer etwas nach.*

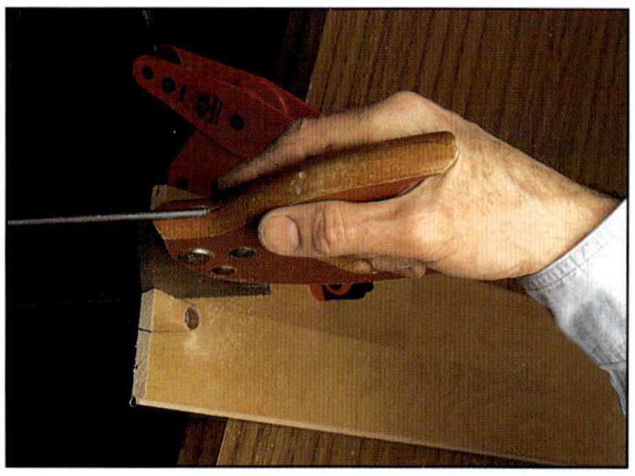

fünf *Um ein Rohr oder Kabel zu umlegen, bohren Sie ein Loch an der entsprechenden Stelle in die Leiste. Schneiden Sie ein kleines Dreieck aus, das nach dem Verlegen wieder eingesetzt wird.*

BEDRUCKTE VORHÄNGE

UNGEBLEICHTER BAUMWOLLSTOFF hat eine schöne, cremige Farbe und eine fast schon beruhigende Wirkung, wenn die Sonne hindurchscheint. Meistens wird dieser Stoff unbedruckt eingesetzt, aber hier wirkt er durch die aufgedruckten Blütenmotive zusätzlich sehr elegant. Baumwollstoff läuft beim Waschen leicht ein, also waschen Sie ihn am besten vor dem Bedrucken einmal. Die Schablone für den Stempel finden Sie im Anhang des Buches.

SIE BRAUCHEN

ungebleichter Baumwollstoff
Stempelblock
Schmierpapier
grüne und blaue Stoffarbe
Skalpell
Lineal
Karton
Bleistift

eins *Legen Sie den Stoff auf eine ebene Oberfläche. Probieren Sie die Stempelvorlage zunächst auf Schmierpapier aus. Schneiden Sie gelungene Abdrücke mit dem Skalpell aus und planen Sie damit das Stoffdesign.*

zwei *Entscheiden Sie, wie weit die einzelnen Blütendrucke voneinander entfernt sein sollen, und schneiden Sie ein Karton-Quadrat in diesen Maßen als Abstandshalter aus. Halten Sie das Quadrat diagonal und markieren Sie alle vier Ecken.*

drei *Verteilen Sie grüne Tinte auf dem Rand des Stempels. Füllen Sie die Mitte mit Blau. Probieren Sie zunächst auf Schmierpapier, ob der Farbton stimmt.*

vier *Drücken Sie den Stempel auf den Markierungen auf den Stoff. Drücken Sie fest zu und halten Sie den Stempel eine Weile an der Stelle, damit die Tinte gut einsaugen kann. Nehmen Sie sich genug Zeit für diesen Arbeitsschritt.*

Gebeizte Holzdielen

Alte Holzböden sind sehr reizvoll, weil sie vielfältige Farbvariationen aufweisen. Mit Holzbeize kann man innerhalb von Stunden diesen antiken Look gewollt hervorrufen. Der Boden sieht nach der Behandlung aus, als wäre er aus Treibholz, verwittertem Teakholz oder anderem Hartholz. Drei verschieden Holzbeizen und weiße Emulsionsfarbe verleihen dem Holz viel antiken Charme.

Sie brauchen

Stanzwerkzeug
Hammer
Sandpapier
Drahtbürste
3 verschiedene Holzbeizen (möglichst derselben Marke)
fusselfreier Lappen oder Pinsel
Gummihandschuhe
weiße oder cremefarbene Emulsionsfarbe
trockener Lappen
matter Holzlack zum Versiegeln

eins *Es sollten keine alten Nägel hervorstehen, also schlagen Sie diese mit dem Stanzwerkzeug und dem Hammer ein. Entfernen Sie sämtliche Flecken mit Sandpapier. Wechseln Sie dabei oft das Papier, damit Sie keine Spuren auf dem Holz hinterlassen.*

zwei *Schrubben Sie die Dielen mit einer Drahtbürste in Maserungsrichtung, ab und zu auch in entgegengesetzter Richtung für den verwitterten Look. Experimentieren Sie mit der Beize, mischen Sie verschiedene Farben zusammen. Testen Sie die Farben auf Restholz, bevor Sie beginnen.*

drei *Tragen Sie mit einem weichen Lappen oder Pinsel die Beize auf die Dielen auf. Ziehen Sie dafür unbedingt Gummihandschuhe und möglichst alte Kleidung an.*

vier *Nehmen Sie am Anfang etwas mehr Farbe, aber wischen Sie diese zum Großteil wieder ab. Arbeiten Sie ohne Unterbrechung, sonst sieht man die Trennlinien. Achten Sie darauf, daß Sie die Beize wie zufällig verteilen und kein Schema erkennbar ist.*

fünf *Es ist wirkungsvoller, wenn Sie erst einmal den ganzen Boden in einem Durchgang beizen, und danach eine zweite Schicht Beize aufbringen. Für den verwitterten Effekt verteilen Sie die Beize mit einem Pinsel in die Holzlöcher und Rillen.*

sechs *Bevor die Beize trocknet, sollten Sie verdünnte Emulsionsfarbe (im Verhältnis ein Teil Farbe auf vier Teile Wasser) aufstreichen.*

sieben *Wischen Sie mit einem Tuch Farbreste ab oder geben noch Farbe hinzu, bis Sie den erwünschten Effekt erreicht haben.*

acht *Versiegeln Sie den Boden mit mindestens zwei Schichten Lack. Rauhen Sie die untere Schicht auf, bevor Sie die nächste auftragen.*

MODERNES REGAL

OBWOHL HIER EIGENTLICH KINDERGARTENMETHODEN angewendet werden, sieht das Regal dennoch sehr künstlerisch aus. Das Muster wird in eine Kartoffel geschnitzt. Die Farben werden alle gleichzeitig aufgetragen, dadurch kann man in einem Arbeitsschritt drucken. Sie erhalten einen dreidimensionalen Effekt, der durch die Wahl der Farben noch unterstützt wird. Dieses Kartoffeldruckverfahren ist kinderleicht und führt zu tollen Ergebnissen. Experimentieren Sie ruhig mit verschiedenen Farben, aber testen Sie den Druck vorher auf Papier.

SIE BRAUCHEN

Lineal
Kartoffel
Buntstift
Skalpell
Teppichmesser
Acrylfarben: rot, hellblau, dunkelblau, grün und gelb
Pinsel

eins *Messen Sie die Breite des Bretts und schneiden Sie die Kartoffel dementsprechend. Malen Sie das Muster zuerst mit einem Stift auf. Ritzen Sie das Muster mit dem Skalpell ein. Schneiden Sie die Vertiefungen mit einem Messer aus.*

zwei *Mischen Sie die Farben und bemalen Sie die entsprechenden Stücke auf der Kartoffel mit einem Pinsel.*

drei *Bedrucken Sie zuerst die kurze Seite des Bretts, die an die Wand anschließt.*

vier *Nun bedrucken Sie auch die lange Frontseite. Nach dem Trocknen bringen Sie das Regal an der Wand an.*

ARBEITSZIMMER UND FLUR

ARBEITSZIMMER UND FLURE WERDEN OFT im Haus oder in der Wohnung etwas vernachlässigt. Meist verwendet man sie eher als Abstellkammern und Lagerräume. Deshalb sind diese Zimmer oft nicht gerade ein Blickfang. Aber das muß nicht sein. Wiederum müssen Sie nichts wegwerfen und auch nicht ganz von vorne anfangen. Verwenden Sie einfach Ihre bestehende Einrichtung auf geschicktere Art und Weise weiter.

Der Flur ist eigentlich ein sehr wichtiger Raum in der Wohnung. Er gibt einem Gast den ersten Eindruck und einen Hinweis darauf, wie der Rest der Wohnung oder des Hauses eingerichtet ist. Es ist eher unschön, große, helle Räume in einen dunklen Flur mit nicht zueinander passenden Möbeln münden zu lassen.

Ein Arbeitszimmer ist besonders schwierig einzurichten, denn oftmals wird es auch als Fernsehzimmer, Gäste- oder Spielzimmer benutzt. Aber wenn Sie Ihre Kreativität spielen lassen, kann ein Arbeitszimmer – abgesehen von der reinen Funktionalität – ein sehr persönlich eingerichteter Raum, z.B. für Ihr Hobby oder zum Lesen und Ausruhen, sein.

Sie können ohne weiteres eigentlich nicht zueinander passende Einrichtungsgegenstände so miteinander kombinieren, daß alles wie

Die Stimmung des Hauses oder der Wohnung wird stark durch die Beleuchtung geprägt. Mit etwas Phantasie können Sie alte Lampenschirme auf viele Arten verschönern.

aus einem Guß wirkt. Alte Hängelampen, Lampenschirme und auch der Armsessel, der schon einmal bessere Tage gesehen hat, können optisch aufeinander abgestimmt werden.

Eine alte Landkarte wirkt ganz anders, wenn man sie mit Klarlack überstreicht und an die Wand hängt. Machen Sie Ihre eigene Tapete, z.B. mit den von Escher inspirierten, grauschwarzen geometrischen Muster.

Sie können mit einem Fotokopierer im Nu tolle Wanddesigns kreieren: Kopieren Sie einfach ein hübsches Muster in ausreichender Menge und kleben Sie es nebeneinander an die Wand. Es ist fast unvorstellbar, daß ein neuer und dekorativer Look so einfach ist.

WILDWEST-SESSEL

WENN SIE EINEN ALTEN, ROBUSTEN Sessel haben, bietet dieser sich geradezu für einen neuen Look an. Warum verwandeln Sie ihn nicht in einen vom Wilden Westen inspirierten Saloon-Sessel? Das Design ist frech und witzig, gleichzeitig aber behaglich und gemütlich. Sie können auch Leder als Kissenbezug oder als Decke benutzen, wodurch die rustikale, eher maskuline Wirkung noch verstärkt wird.

SIE BRAUCHEN

Sessel
Tierfell (künstlich oder echt)
Polsternadeln
starke Schnur
Maßband
Leder oder Wildleder
Schneideunterlage
Lineal
Teppichmesser
Lederkleber
doppelseitiges Klebeband
Bleistift
Holzblock
Nieten zum Beschlagen
Hammer
Gummi- oder Holzstück

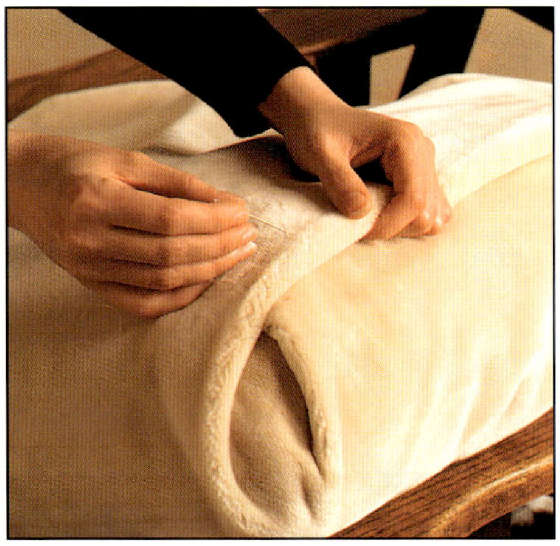

eins *Entfernen Sie zuerst die Sitzkissen und wickeln Sie das Tierfell darum. Lassen Sie genug Stoff übrig, um das Kissen auf der Rückseite auch mit Fell zu bedecken. Nähen Sie das Fell an. Entscheiden Sie, wie lang die Fransen an den Armlehnen sein sollen.*

zwei *Messen Sie das Leder der gewünschten Fransenlänge entsprechend aus und schneiden Sie es auf einer Unterlage mit dem Teppichmesser. Lassen Sie genügend Leder für den Saum stehen. Geben Sie etwas Kleber an den Rand und falten Sie den Saum um. Drücken Sie fest zu.*

drei *Mit dem doppelseitigen Klebeband bringen Sie die Fransen nun an den Armlehnen an.*

vier *Markieren Sie die Stellen für die Nieten. Benutzen Sie als Abstandsmesser einen Holzklotz. Drücken Sie die Nieten erst mit dem Daumen ein, klopfen Sie dann mit dem Hammer nach. Schützen Sie die Nieten mit einem Gummistück.*

LAMPENSCHIRM

EIN MUSTER wie bei einem braun gescheckten Pony im Wilden Westen ist ein kühnes Design und wirkt rustikal. Das Muster paßt sich jeder Einrichtung an, ob der eines modernen, minimalistischen Zimmers oder auch eines Kinder- oder Arbeitszimmers im Wild-West-Stil. Braunes Packpapier ist kräftig genug für die Schablonen. Sie müssen nur darauf achten, daß die braunen Schecken zufällig und unregelmäßig verteilt sind, nur dann entfaltet das Muster seine ganz eigene Wirkung.

SIE BRAUCHEN

Buntstift
Packpapier
Skalpell
Schneideunterlage
Sprühkleber
Lampenschirm
braune Acrylfarbe
Pinsel
Klebepistole mit Allzweckkleber
braunes Fransenband

eins *Zeichnen Sie unregelmäßige Wolkenmuster auf das Packpapier. Sie brauchen sowohl große als auch kleine Formen. Schneiden Sie diese mit einem Skalpell aus.*

zwei *Sprühen Sie die Formen leicht mit Kleber an und arrangieren sie auf dem Lampenschirm. Die großen Formen sollten über den Schirmrand verlaufen. Malen Sie direkt in die Schablonen, beginnen Sie am Außenrand. Die Farbe sollte vom Stoff aufgesogen werden.*

drei *Malen Sie die Schablonen ganz bis zum Rand des Schirms aus, das ergibt die natürliche Fellfärbung. Mit der Klebepistole bringen Sie dann das Fransenband an.*

SCHAUFELBOX

SOLLTEN SIE SICH STÄNDIG durch wahre Papierberge wühlen müssen, nur um einen Locher, einen Block, alte Briefe oder Stifte zu finden, dann wird es Zeit, die Kehrschaufel herauszuholen. Dieser Vorschlag gibt dem Wort „Saubermachen" eine neue Bedeutung. Sie besprühen einfach zwei Kehrschaufeln aus Metall mit Farbe und schrauben sie aneinander.

SIE BRAUCHEN

2 Kehrschaufeln aus Metall
4 Unterlegscheiben
Autosprayfarbe: limonengrün und metallblau
Zeitungspapier
Schraubzwinge
2 Stücke Wellpappe
Bleistift
Bohrmaschine
2 Schrauben mit Muttern
Zange
Schraubenzieher

eins *Färben Sie eine Schaufel und zwei Unterlegscheiben limonengrün, die anderen metallblau. Arbeiten Sie dabei auf einer Zeitungsunterlage. Lassen Sie die Farbe trocknen.*

zwei *Mit der Zwinge halten Sie die zwei Schaufeln zusammen. Schützen Sie dabei die Farbe mit Pappe. Markieren Sie mit den Unterlegscheiben die Verbindungsstellen der Schaufeln.*

drei *Bohren Sie an den markierten Stellen durch beide Schaufeln. Legen Sie auf beiden Seiten je eine Unterlegscheibe an und schrauben Sie die Schaufeln aneinander.*

STUHL MIT KELIMMUSTER

KLAPPSTÜHLE SIND NICHT TEUER, aber durchaus bequem. Normalerweise wird einfaches Segeltuch verwendet, aber mit anderen Stoffen erreichen Sie verschiedene modische Effekte. Harter, geflochtener Stoff mit einem Kelimmuster läßt sich gut spannen und ist ideal für dieses Beispiel. Auch andere robuste Stoffarten, z.B. Wandteppiche, Juteleinen, Sackleinen oder sogar Teppiche können als Bezug für einen Klappstuhl dienen. Sie können auch das Holz des Stuhls passend zum Stoff anstreichen, das macht Ihren neuen Stuhl perfekt.

SIE BRAUCHEN

Klappstuhl
Holzfarbe und Pinsel
Stoff nach Wahl
Stecknadeln
Schere
große Polsternadel
kräftiger Wollfaden
Chromnieten (mind. 6)
Hammer

eins *Entfernen Sie den alten Stoff des Klappstuhls. Streichen Sie das Holz. Suchen Sie sich Ihren neuen Stoff aus, legen Sie die alten Stücke als Schablone darauf und schneiden Sie den neuen Bezug aus.*

zwei *Mit Nadel und Wollfaden sticken Sie einen Saum an den Rand der Stoffstücke, damit sie nicht fransen.*

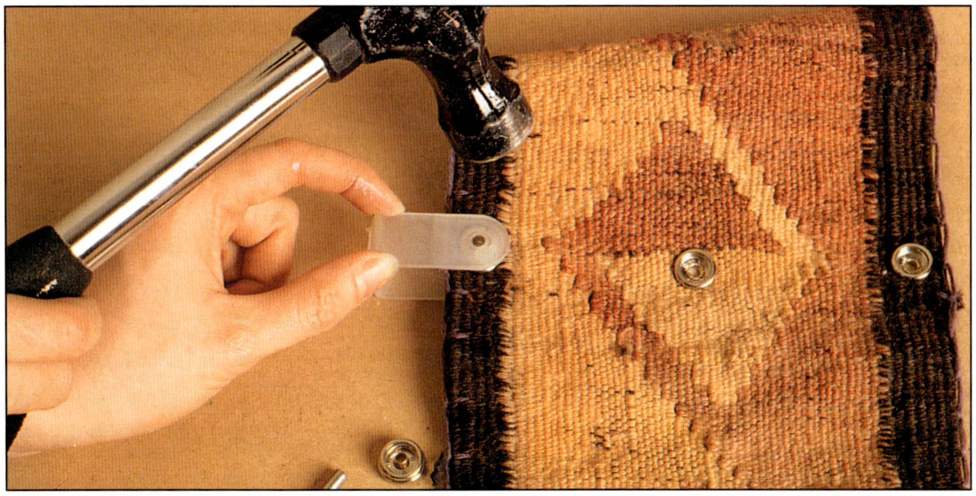

drei *Falten Sie die kurzen Enden der Rückenlehne zu einer Lasche und schlagen Sie die Nieten hindurch. Stülpen Sie den Stoff mit den Laschen über die Holzpfosten. Legen Sie dann den Sitz ein.*

Dosenlampe

IN DER NOT HAT MAN OFT die besten Ideen. Diese Lampe wurde von einem Bekannten entworfen, der in einem kleinen Dorf gestrandet war und ein vernünftiges Leselicht haben wollte. Der Lampenfuß ist eine große, mit Sand gefüllte Farbdose, und der Schirm ist eine kleinere Dose mit gebohrten Löchern. Das Anschlußkabel läuft durch ein Kupferrohr, das im Sand endet. Die weichen Rundungen des Rohrs wurden mit einer Klempnerfeder erreicht. Fragen Sie Ihren Klempner, ob er Ihnen helfen kann, ansonsten lassen Sie das Rohr im Heimwerkerladen verbiegen. Die Verkabelung lassen Sie am besten von einem Elektriker machen.

SIE BRAUCHEN

leere Farbdose (ca. 2,5 l Füllmenge)
Sandpapier
Pappe
Schere
Buntstift
Bohrmaschine
Hammer und Nagel
Metallfeile
Lampenfassung
mattschwarze Emulsionsfarbe
Pinsel
leere Farbdose (ca. 5 l)
Schnur
Klempnerfeder
3 m Kupferrohr
Säge
Gummiöse
silberner Sand

eins *Säubern Sie die kleine Dose von Farbresten und entfernen Sie evtl. das Papier. Schmirgeln Sie die Oberfläche ab. Schneiden Sie ein Pappstück in der Höhe der Dose und zeichnen Sie drei gleiche Abschnitte zuerst auf die eine Seite, dann drei genau dazwischenliegende Abschnitte auf die andere Seite. Markieren Sie mit der Schablone die Stellen für die Löcher in der Dose.*

zwei *Bohren Sie die Löcher. Sollte das Blech zu hart sein, hämmern Sie kleine Löcher mit einem Nagel vor. Bohren Sie ein großes Loch in die Mitte des Dosenbodens. Runden Sie die scharfen Kanten mit der Feile ab.*

drei *Feilen Sie auch die Dosenoberfläche, um die Ränder der kleinen Löcher zu glätten und eine gleichmäßige Oberfläche zu erhalten. Streichen Sie anschließend die große Dose mattschwarz. Der Deckel sollte getrennt gestrichen werden. Bohren Sie auch ein Loch für das Kabel nahe dem unteren Rand der großen Dose. Die Feder ist nicht so lang wie das Rohr, deshalb sollten Sie an der Federenden eine Schnur befestigen und diese in Abständen markieren, damit Sie messen können, wie tief die Feder im Rohr ist.*

vier *Schieben Sie die Feder in das Rohr ein und formen Sie das obere Drittel des Rohrs zu einem Halbkreis. Wiederholen Sie dies in kleinen Abständen, da Sie nicht das ganze Rohr auf einmal verbiegen können. Ziehen Sie die Feder mit der Schnur immer wieder nach. Sägen Sie das letzte gerade Stück ab, damit die Rundung direkt in den Schirm läuft. Befestigen Sie dann die Gummiöse am Ende des Rohrs.*

fünf *Nun ist es Zeit für den Elektriker, um die Kabel richtig zu verlegen. Die zweite Hälfte der Lampenfassung hält den Schirm. Bohren Sie ein Loch in den Deckel der großen Dose, um das Rohr aufzunehmen. Stecken Sie das Rohr hindurch und lassen Sie die Kabel durch das Loch unten wieder heraus. Halten Sie die Lampe aufrecht und füllen Sie den Sockel mit Sand. Schließen Sie den Deckel fest zu.*

Minimalistischer Stuhl

SIE SEHEN SICHERLICH OFT CHROMSTÜHLE in Zeitschriften – wunderschön und furchtbar teuer. Wenn Sie einen Stuhl selbst renovieren, sparen Sie viel Geld, und das Ergebnis ist beeindruckend. Die meisten Trödelmärkte verkaufen alte Stühle, oft mit gefransten Polstern oder in grauenhaften Farben. Lassen Sie sich nicht zu Plastikstühlen überreden. Metallbeine sehen nach der Renovierung viel schöner aus.

SIE BRAUCHEN

alter Stuhl
Schere
Schraubenzieher
Zange und Hammer
Gummihandschuhe
Terpentinersatz
Pinsel (2,5–5 cm)
Drahtwolle
Seife
Sandpapier
Lack
Blechkappen
Chrompolitur
weicher Lappen

eins *Entfernen Sie zunächst alte Stoffreste. Nehmen Sie dazu eine gute Schere, damit Sie sich nicht die Hände verletzen. Entfernen Sie dann alle Heftzwecken aus dem Holz. Für schwer zugängliche Stellen verwenden Sie einen Schraubenzieher und eine Zange.*

zwei *Entfernen Sie alle abschraubbaren Teile (Sitz und Lehne), damit diese nicht vom Terpentinersatz beschädigt werden. Mit den Gummihandschuhen können Sie nun den Terpentinersatz aufpinseln. Nach 5 Minuten Trocknen waschen Sie das Metall mit Drahtwolle und Seife ab. Wiederholen Sie den Vorgang, bis die ganze alte Farbe entfernt ist.*

drei *Überprüfen Sie, daß keine Heftzwecken oder Nägel mehr im Holz sind. Schmirgeln Sie den Sitz und die Lehne ab, bis beide glatt und sauber sind. Versiegeln Sie das Holz mit Klarlack.*

vier *Schrauben Sie Sitz und Lehne wieder an. Mit den Blechkappen decken Sie die Schraubenspitzen ab. Nun fehlt nur noch die Politur für das Metall.*

ALTE LANDKARTE

KARTEN SIND EIN SPANNENDER UND GLEICHZEITIG dekorativer Wandbehang. Im Kinderzimmer wird diese Dekoration gleichzeitig auch zur Geographiestunde für daheim. In anderen Räumen sind diese antiken Karten ein Blickfang für das Auge. Sie können auch einer eigentlich neuen Karte ein antikes Aussehen geben. Auch eine ganze Wand kann man mit Karten tapezieren, diese sollten allerdings geographisch aneinanderpassen.

SIE BRAUCHEN

Maßband
Bleistift
Richtscheit
Wasserwaage
Landkarte
Tapetenkleber
Bürste
Sandpapier
Mattlack
Pinsel

eins *Messen und markieren Sie mit dem Richtscheit und der Wasserwaage die Position der Karte an der Wand. Kleben Sie die Karte an, als ob sie eine Tapete wäre.*

zwei *Mit dem Sandpapier schmirgeln Sie an manchen Stellen die Karte für den antiken Look. Durch den Mattlack erhält die Karte einen weiteren schönen Effekt.*

FORMELWAND

SO KÖNNEN SIE SCHNELL einer einfachen Wand ein interessantes Aussehen geben. Die Zahlen und mathematischen Formeln werden auf einem Fotokopierer vergrößert. Es spielt keine Rolle, ob die Kopien durchgehend gleich gut sind, das betont einfach nur den selbstgemachten Charakter der Wand. Diese Dekoration ist am wirkungsvollsten, wenn sie auf eine kleine Fläche begrenzt ist, wie z.B. über einem Tisch. Sie können auch Musiknoten über dem Klavier anbringen oder Schriftzeichen im Büro.

SIE BRAUCHEN

Teppichmesser
Schneideunterlage
Klebeband
Tapetenkleister
Bürste
Pinsel
Klarlack
Lackpinsel

eins *Fotokopieren Sie die Zahlen, Symbole und Formeln aus dem Anhang dieses Buches. Vergrößern Sie diese beliebig, dann schneiden Sie die einzelnen Symbole vorsichtig aus.*

zwei *Kleben Sie die Symbole zunächst versuchsweise mit Klebeband an die Wand. Mit Tapetenkleister kleben Sie die Symbole dann endgültig fest. Nehmen Sie den Pinsel, um kleine Symbole zu kleben. Lackieren Sie die Fläche mit Klarlack, damit das Papier nicht abreißt.*

3+5=8
(6)
90
L = 2π Ma / λT
4−3=1
8

WAND IM ESCHER-STIL

KOMPLIZIERT WIRKENDE, DREIDIMENSIONALE Muster, die von den *Trompe-l'œil*-Gemälden des Künstlers M.C. Escher inspiriert wurden, sehen als Wanddekoration phantastisch aus. Die Anleitung für das Muster klingt etwas kompliziert, aber wenn Sie erst einmal angefangen haben, ist es fast ein Kinderspiel. Die Muster von Escher sind außergewöhnlich, weil alle Formen eine logische Beziehung zueinander haben. Deshalb verbindet sich das Muster fast von alleine zu diesem großartigen Design.

SIE BRAUCHEN

Schmierpapier
Bleistift
Metallineal
Papier: hellgrau, dunkelgrau und schwarz
Teppichmesser
Schneideunterlage
Richtscheit und Wasserwaage
Tapetenkleister
Tapetenbürste
Klarlack
Lackpinsel

eins *Planen Sie das gesamte Muster auf Papier, oder nehmen Sie die Vorlage im Anhang des Buches. Entscheiden Sie, welche Farben Sie verwenden möchten. Sie brauchen drei verschiedene Töne derselben Farbe, um den dreidimensionalen Effekt zu erhalten. Teilen Sie ein hellgraues Blatt Papier in drei Teile.*

zwei *Messen Sie vom Rand zur Mitte hin große Dreiecke für die Bildumrandung aus. Markieren Sie die Endpunkte der Dreiecke.*

drei *Zeichnen Sie die Diagonalen für die Dreiecke ein. Schneiden Sie die hellgrauen und dunkelgrauen Dreiecke sowie die Rautenformen aus. Wenn Sie erst einmal eine Form ausgeschnitten haben, können Sie diese als Schablone benutzen.*

vier *Zeichnen Sie die kleinen hell- und dunkelgrauen Rauten für die zwei Seiten der kleinen Blöcke. Schneiden Sie die kleinen Rauten und alle schwarzen Formen aus.*

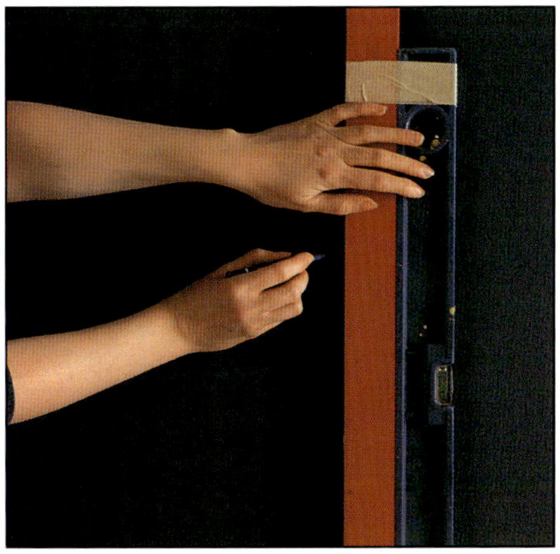

fünf *Mit Wasserwaage und Richtscheit zeichnen Sie vertikale Linien an die Wand, welche dieselbe Breite wie die großen grauen Formen haben müssen.*

sechs *Mit Tapetenkleister können Sie nun alle Formen an die Wand kleben. Mit den Händen streichen Sie alle Falten weg. Die Wand wird mit zwei Schichten Lack versiegelt.*

LIEGESTUHL IM ESCHER-STIL

LIEGESTÜHLE SIND PREISGÜNSTIG und in einer großen Vielfalt von Formen erhältlich. Die Sitze sind normalerweise aus Segeltuch und können gestreift oder einfarbig sein. Segeltuch für Liegestühle kann fertig gekauft werden. Die Größen sind normiert, und die Ränder sind schon abgenäht. Um einem alten Liegestuhl ein neues Aussehen zu geben, müssen Sie daher nur das Muster des Stoffes ändern. Unser Vorschlag wurde ebenfalls durch M.C. Eschers dreidimensionale Arbeit inspiriert (siehe auch Seite 78). Das Muster setzt sich aus negativen und positiven Motiven zusammen.

SIE BRAUCHEN

Liegestuhl
Segeltuch
Schere
Sprühkleber
Schaumstoff
Teppichmesser
Schneideunterlage
Lineal
farbiges Klebeband
Bleistift
Stoffarbe: schwarz und weiß
Pinsel
Nadel
passender Faden

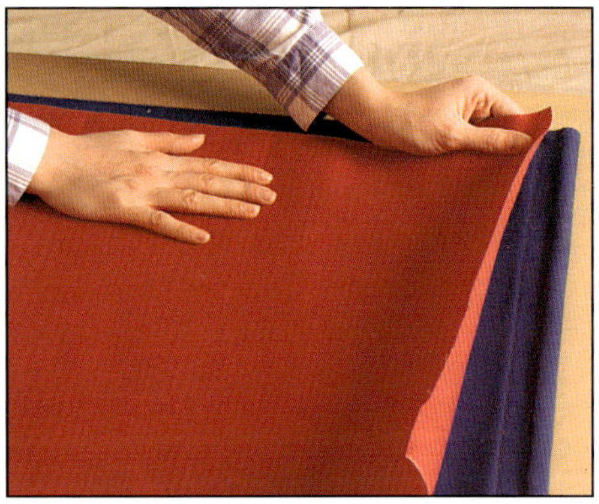

eins *Entfernen Sie den alten Sitz. Achten Sie darauf, wie er befestigt war, damit Sie beim neuen Bezug keine Probleme haben. Nutzen Sie den alten als Schablone und schneiden Sie den neuen mit Überhang für den Saum zu.*

zwei *Im Anhang des Buches finden Sie das Muster für die zwei Stempel. Kopieren Sie es in die gewünschte Größe und kleben Sie es auf den Schaumstoffblock. Schneiden Sie das Muster mit einem Teppichmesser aus.*

drei *Mit dem Messer schaben Sie die Zickzack-Form heraus und lassen die zwei Randformen stehen. Entfernen Sie die Schaumstoffreste, um den Stempel für die negativen Formen zu bekommen. Markieren Sie den Schaum, damit Sie immer wissen, welche Farbe zu welchem Stempel gehört. Wiederholen Sie Schritt zwei und drei für den Stempel für die postiven Formen.*

vier *Zeichnen Sie mit Lineal und Bleistift parallele Linien auf das Tuch. Der Abstand zwischen den Linien sollte genauso breit sein wie die zwei Stempel zusammen (Schritt sieben).*

fünf *Streichen Sie schwarze Farbe auf die erhöhten Randformen des einen Stempels.*

sechs *Mit etwas Druck stempeln Sie das schwarze Muster zwischen die Linien. Dasselbe machen Sie mit weißer Farbe und dem anderen Stempel.*

sieben *Sobald die Farbe ganz trocken ist, säumen Sie das Tuch oben und unten. Dann befestigen Sie den Sitz wieder am Liegestuhl.*

Hängegitter

Ein Gartengitter ist eine innovative Idee für einen praktischen Ständer. Ziehen Sie das Gitter etwas in die Länge, dann erhalten Sie schöne Rautenformen. Rahmen Sie den Ständer mit einer Holzleiste ein. Sie können ein kleines Gitter – z.B. für eine Garderobe – anbringen, aber auch eine ganze Wand dekorieren. Sie können Gebrauchsgegenstände oder Dekorationsstücke an Haken aufhängen. Wenn Sie ab und zu neue Sachen dazuhängen und alte abnehmen, haben Sie ein lebendes Design vor Augen.

SIE BRAUCHEN

Maßband
Bleistift
Gartengitter
Holzsäge
2,5 x 2,5 cm Holzlatten
Gehrungsblock und Gehrungssäge
Holzstab
Holzschrauben
Schraubenzieher
Bohrmaschine
Emulsionsfarbe: orange
Pinsel
Wanddübel
Spachtelmasse für Holz

eins *Markieren Sie die geplante Fläche auf dem Gitter. Mit der Holzsäge schneiden Sie dann das Gitter zurecht. Messen Sie und schneiden Sie die Holzlatten für den Rahmen mit Gehrungsklotz und -säge. Schrauben Sie den Rahmen zusammen.*

zwei *Markieren Sie den Holzstab und machen Sie kleine Einschnitte für die Haken. Zersägen Sie den Pflock in die kleinen Abschitte.*

drei *Sollte das Gitter an den Kreuzstellen vernietet sein, bohren Sie die Nieten aus. Schrauben Sie die Haken aus Schritt zwei an den Kreuzstellen ein. Streichen Sie das Gitter und den Rahmen in der gewünschten Farbe an.*

vier *Bohren Sie Löcher in die Wand und drücken Sie die Dübel hinein. Bohren Sie auch Löcher in das Gitter, ein wenig kleiner als die Schrauben, damit das Holz nicht splittert. Schrauben Sie das Gitter an die Wand.*

fünf *Schrauben Sie den Holzrahmen ebenfalls in die Wand. Bessern Sie Unebenheiten im Holz mit der Spachtelmasse aus. Streichen Sie die Schrauben und Zwischenräume vor, dann streichen Sie das gesamte Gitter an.*

WANDKREISE

Es gibt keinen Grund, warum das Papier, das man für Puppenhäuser benutzt, nicht auch für echte Häuser verwendet werden darf. Sie können eine kleine Fläche bedecken oder eine ganze Wand. In diesem Beispiel haben wir die Wand mit einer Farbe gestrichen, die einen schönen Kontrast zum Puppenhaus-Papier bildet. Dann haben wir Kreise ausgeschnitten, um die Wand dahinter zu zeigen. Das Puppenhauspapier gibt es im Spielwarenfachhandel.

SIE BRAUCHEN

Schmierpapier
Bleistift
Buntstift
Puppenhauspapier
Emulsionsfarbe für die Wand
Farbroller
Mischpalette für Farbe
Kreisschablone
Teppichmesser
Schneideunterlage
langes Metallineal
Tapetenkleister
Tapetenbürste
Pinsel
Klarlack
Lackpinsel

eins *Planen Sie und zeichnen Sie das gesamte Muster auf Schmierpapier. Wählen Sie nun ein Puppenhauspapier, das ein sich wiederholendes Muster hat. Die Wandfarbe sollte zum Papier passen, probieren Sie zunächst auf Schmierpapier.*

zwei *Streichen Sie die Wand. Entscheiden Sie, wie groß die Kreise sein sollen. Benutzen Sie eine runde Schablone, wie z.B. einen Teller. Entscheiden Sie, wie weit die Kreise voneinander entfernt sein sollen.*

drei *Schneiden Sie das Papier auf einer festen Unterlage mit einem Teppichmesser zurecht. Schneiden Sie die Kreise aus. Kleben Sie das Papier wie eine Tapete an die Wand. Vorsicht! Die Abschnitte, wo Sie die Kreise ausgeschnitten haben, fransen sehr leicht aus. Sie können auch Markierungen für die Kreise einzeichnen, aber es geht auch mit gutem Augenmaß. Sobald alles getrocknet ist, streichen Sie zwei Schichten Klarlack darüber.*

KLAPPHOCKER

Meistens hat man nicht genug Platz in der Wohnung, und jeder Zentimeter ist kostbar. Es ist daher nicht ganz einfach, zusätzliche Sitzgelegenheiten zu schaffen, z.B. am Telefon im Flur. Klappstühle sind eine logische Lösung, aber wo bringt man sie unter, wenn man sie gerade nicht braucht? Sie können Winkelstützen anbringen, die normalerweise für Tische oder Regale verwendet werden. Damit bauen Sie sich einfach einen Klapphocker! Anstelle einer schweren Massivholzplatte können Sie auch leichtere Preßspanplatten verwenden. Es ist aber sehr wichtig, daß Sie den Stuhl nicht an einer Trennwand befestigen, sondern an einer dicken Betonwand. Bei einer leichten Trennwand kann es schnell zu Beschädigungen kommen. Fragen Sie Ihren Eisenwarenhändler nach den richtigen Schrauben und Dübeln.

SIE BRAUCHEN

2 Winkelstützen mit Schrauben
silberne Sprayfarbe
Preßspanplatte
Säge
Bleistift
Lineal
Zirkel
Zwinge
Bohrmaschine
Säge
Sandpapier
Pinsel
gelbe Farbe
Klarlack
Schraubenzieher
2 lange Schrauben und Dübel
Wasserwaage

eins *Sprühen Sie die Winkel mit silbernem Farbspray an.*

zwei *Schneiden Sie die Platte zurecht: 30 x 45 x 20 cm ist für einen Hocker ein gutes Maß. Halbieren Sie die Platte längs mit einer geraden Bleistiftlinie.*

drei *Legen Sie die Winkel auf die Platte und markieren Sie die Stellen.*

vier *Mit dem Zirkel zeichnen Sie drei verschieden große Kreise auf die Platte.*

fünf *Befestigen Sie die Platte fest auf der Werkbank und bohren Sie Löcher in die Kreise. Dann können Sie die Kreise mit einer Stichsäge ausschneiden. Wenn Sie nicht gerne sägen, lassen Sie die Löcher im Heimwerkerhandel ausschneiden.*

sechs *Schmirgeln Sie die Ränder der Löcher, bis sie von allen Seiten glatt sind.*

sieben *Bereiten Sie die Platte für den Farbanstrich vor, indem Sie alle Bleistiftmarkierungen abschmirgeln.*

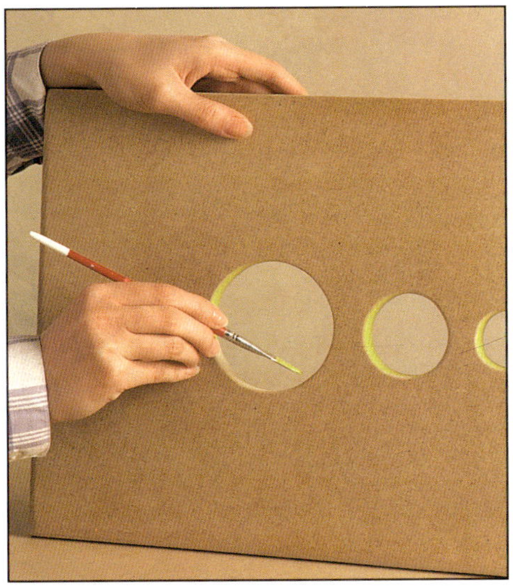

acht *Malen Sie die Innenränder der Löcher gelb an.*

neun *Lackieren Sie den Sitz. Mit Sprühlack ist es am einfachsten.*

WEITER ➤

zehn *Schrauben Sie die Winkel an den Sitz. Halten Sie den Sitz gegen die Wand und markieren Sie die Stellen mit Bleistift.*

elf *Bohren Sie ein Loch und drücken Sie einen Dübel hinein. Schrauben Sie den Sitz an. Markieren Sie das zweite Loch in gerader Linie zum ersten (Wasserwaage), und bohren Sie es in die Wand. Drücken Sie den Dübel hinein und schrauben Sie den Sitz an die Wand.*

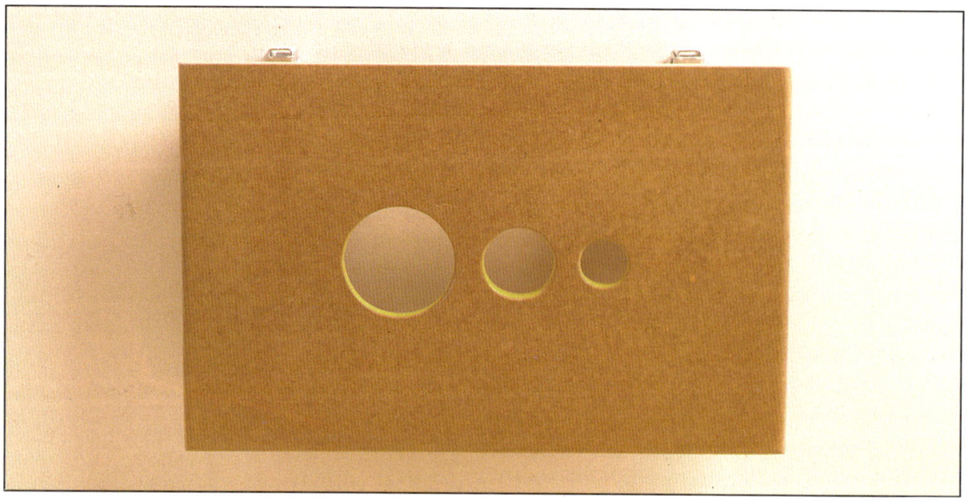

zwölf *Prüfen Sie, ob der Hocker richtig vor- und zurückklappt.*

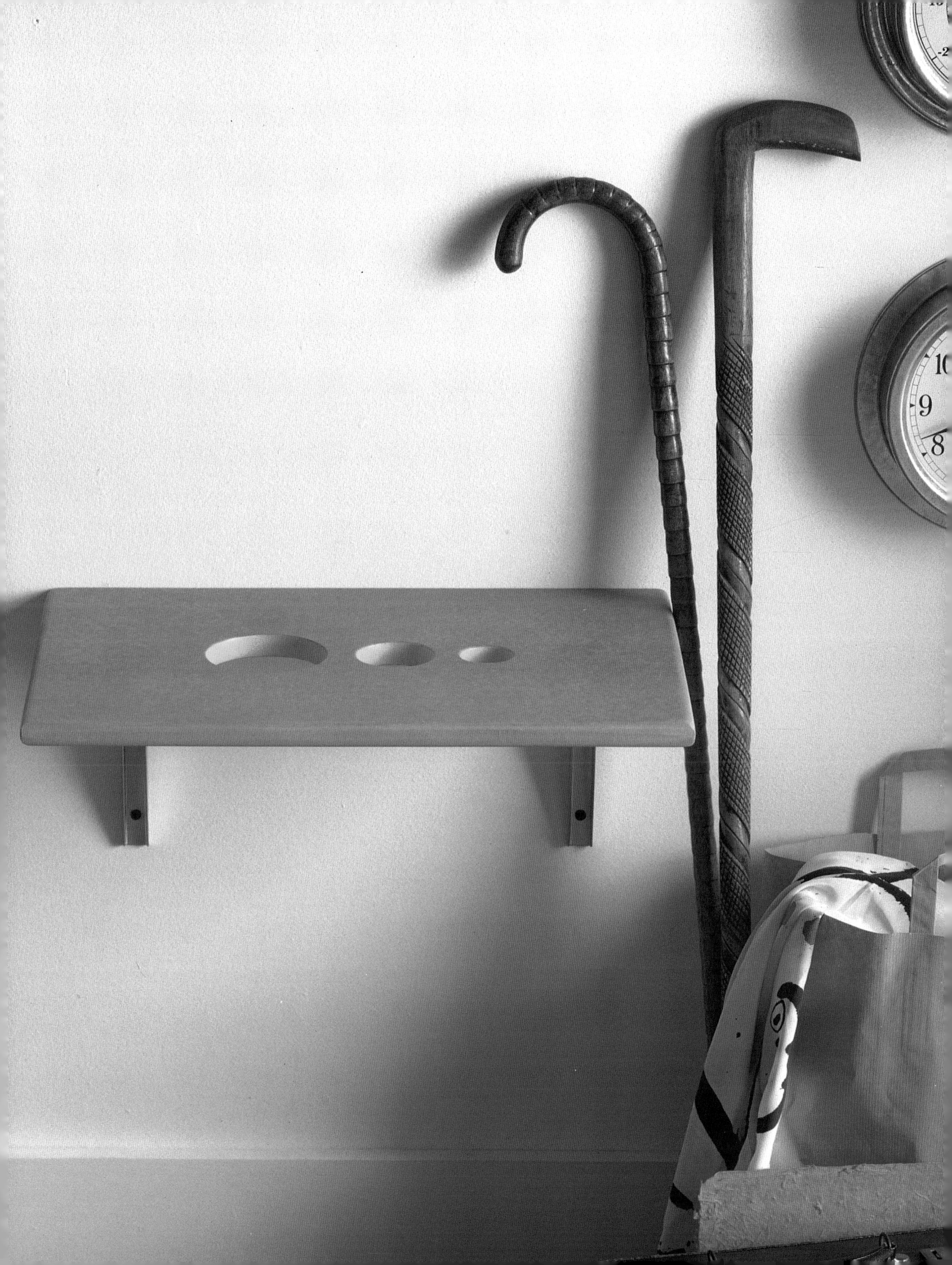

Sonnenliege

Sonnenliegen gibt es in vielen Grössen, und meistens sind sie unterschiedlich ausgestattet. Aber der Stoff ist normalerweise eher langweilig und steht im Widerspruch zu dem modernen Metallgerüst. Man kann natürlich das Material einfach auswechseln, aber noch einfallsreicher ist ein Stoffgeflecht. Das Material ist fest, ziemlich stabil und wird sicherlich Ihr Gewicht tragen. Nun haben Sie eine haltbare, komfortable und optisch ansprechende Sonnenliege.

SIE BRAUCHEN

Liegestuhl
Chromreiniger
weiches Tuch
Maßband
2 x 15 m Polstergurte
Klebeband
Bleistift
Schere
6 Päckchen große Ösen
Hammer
weicher Holzklotz
Nadel
passender Faden
6 m Kordel oder Seil

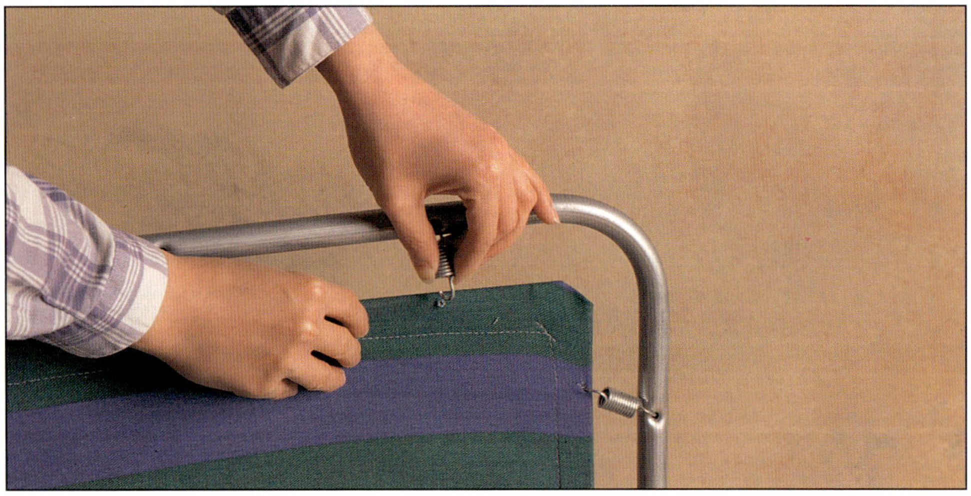

eins *Entfernen Sie den alten Stoff. Säubern Sie den Rahmen gründlich mit einem weichen Tuch. Messen Sie die Breite des Rahmens für die horizontalen Streifen, und verdoppeln Sie diese Maßeinheit, so daß sich die Gurtenden in der Mitte treffen können.*

zwei *Berechnen Sie, wieviele einzelne Gurte Sie insgesamt brauchen, indem Sie einige Gurte anlegen und mit Klebeband befestigen. Schneiden Sie die Gurte zurecht und säumen Sie die Enden.*

drei *Folgen Sie den Anweisungen auf der Ösenverpackung und bringen Sie die Ösen an den Gurten an.*

vier *Kippen Sie den Stuhl auf den Kopf, wickeln Sie die Gurte um den Rahmen und verbinden Sie die losen Enden mit einem Seil. Lassen Sie genug Platz für einen letzten Gurt nahe am Scharnier des Stuhls.*

fünf *Beginnen Sie am Fußende. Befestigen Sie einen vertikalen Gurt mit einer Öse. Ziehen Sie ihn abwechselnd unter und über die doppelten horizontalen Gurte, bis Sie am Kopfende angekommen sind.*

sechs *Befestigen Sie den letzten Gurt mit einer Öse. Neben dem Scharnier legen Sie noch einen horizontalen Gurt ein und ziehen ihn durch die vertikalen Gurte, aber nicht um den Rahmen.*

Küche

Die Küche ist das Herz jeder Wohnung. Gestalten Sie Ihre Küche einfach dementsprechend, das ist kein allzu großer Aufwand. Aber Spaß und Funktion sind nur dann miteinander zu kombinieren, wenn Sie etwas Zeit und Arbeit investieren.

Eine gute Küche muß Arbeitsplatz, Familienraum, Abstellkammer und Eßzimmer gleichzeitig sein. Um einen funktionalen, flexiblen, geräumigen und dazu noch attraktiven und gemütlichen Raum zu gestalten, braucht man ein paar gute Vorschläge.

Dieses Kapitel verrät Ihnen einige dieser Ideen, die u.a. dem Recycling eine neue Bedeutung beimessen. In der Küche kann man eher nutzlose Objekte in Gebrauchsgegenstände verwandeln. Sie sehen dann nicht nur toll aus, sondern erfüllen auch noch einen praktischen Zweck.

Wenn Sie wieder einmal beim Obstladen vorbeischauen, nehmen Sie doch einfach ein paar alte Obstkisten mit. Mit ein wenig Farbe und einem schönen Band kann man Küchenutensilien wunderbar darin lagern. Ein von der Decke hängendes Metallsieb wirkt als Gemüseschale großartig.

In der Küche sollte das Besteck leicht zu finden sein. Ein dekorativer Besteckkasten ist nützlich und gleichzeitig modern.

Sie finden auch Ideen für das Küchenfenster. Um das warme Sonnenlicht hineinstrahlen zu lassen, aber trotzdem Ihre Privatsphäre vor allzu neugierigen Blicken zu schützen, können Sie aus Juteleinen ein Rollo basteln. Der Baumwollseilzug ist ein etwas altmodisches, aber umso liebenswerteres Detail.

Wenn Sie sehen, wie leicht Sie Ihre Küche verwandeln können, sind Ihrer Phantasie keine Grenzen mehr gesetzt. Ihre Küche wird zum Lieblingsplatz für Arbeit, Spiel und Spaß, für Ihre Familie und auch für Ihre Freunde.

BAUERNREGAL

HERZEN WURDEN SCHON IMMER bei besonderen Gelegenheiten verwendet. In diesem Vorschlag wird ein Herz als Stempelvorlage benutzt, um ein vierblättriges Kleeblatt zu drucken. Das kleine Herz ist eine traditionelle Form, die gut zum Design paßt. Die Hintergrundfarbe besteht aus drei Farbschichten, wobei nach jeder Schicht die Farbe etwas abgewischt wird. Zum Schluß wird noch eine hellere Farbe über das Regal gestrichen. Nachdem alles getrocknet ist, wird das Regal noch einmal abgeschmirgelt, um die untere Farbe wieder hervorzubringen.

SIE BRAUCHEN

Pauspapier
Bleistift
Sprühkleber
harter Schaumstoff
Skalpell
weinrote Emulsionsfarbe
Teller
Pinsel

eins *Skizzieren Sie das Muster aus dem Anhang des Buches auf Pauspapier. Kleben Sie das Papier auf den Schaumstoff. Mit dem Skalpell schneiden Sie die Konturen aus. Schneiden Sie erst die Herzkonturen und entfernen Sie dann den Hintergrund.*

zwei *Mit dem Stempel können Sie ausmessen, wieviele Drucke auf das Regal passen. Markieren Sie diese Stellen mit einem Bleistift. Geben Sie die rote Farbe auf einen Teller.*

drei *Machen Sie auf Schmierpapier einen Testdruck, um zu sehen, ob Sie genug Farbe auf dem Stempel haben. Drücken Sie den Schaumstoff in die Farbe und setzen Sie den ersten Druck auf die erste Bleistiftmarkierung.*

vier *Machen Sie weiter, bis alle Kleeblätter fertig sind. Bei diesem rustikalen Design müssen Sie nicht auf ganz regelmäßige Abstände achten. Drucken Sie kleine Herzen zwischen die Kleeblätter und auf die Stützwinkel.*

MEDITERRANE KISTEN

HOLZKISTEN, DIE VOM OBSTHÄNDLER normalerweise weggeworfen werden, sind kostbare Fundstücke. Retten Sie diese Kunstwerke vor der Müllabfuhr, geben Sie ein wenig Farbe darauf und ein Band drumherum, und Sie haben wunderschöne Vorratskisten. Der Boden der Kisten kann oft herausgenommen und als Deckel für eine zweite Kiste verwendet werden. Als Stauraum für Kerzen, Tischdecken und allen erdenklichen Krimskrams sehen diese ehemals einfachen Obstkisten einfach brillant aus.

SIE BRAUCHEN

3 Holzkisten
Sandpapier
Zange
Drahtschere
Heftmaschine
Pulverfarbe: rot, blau und grün
Pinsel
1 m kariertes Band
Schere

eins *Mit dem Sandpapier schmirgeln Sie zunächst alle scharfen Kanten ab. Entfernen Sie den Boden einer Kiste. Ziehen Sie alle hervorstehenden Nägel oder Heftzwecken heraus.*

zwei *Mischen Sie die Pulverfarben nach der Gebrauchsanweisung. Streichen Sie eine Kiste innen rot, außen blau und auf den Kanten grün.*

drei *Streichen Sie die andere Kiste innen grün, außen blau und auf den Kanten rot.*

vier *Streichen Sie den Deckel blau. Binden Sie die Kreuzstellen des Deckels mit dem Band zusammen.*

GEWÜRZREGAL AUS HOLZ

DIESER RUSTIKALE BLUMENKASTEN wurde in einem Trödelladen entdeckt. Er wurde vermutlich vor langer Zeit dazu verwendet, ein Gartenhäuschen zu schmücken. Es lohnt sich manchmal, Sperrmüll nicht gleich zu entsorgen, denn manche Gegenständen kann man noch als Dekoration verwenden. Hängen Sie diesen Kasten an die Küchenwand, um die hübschen Flaschen und Gewürzgläschen herzuzeigen, die sonst im Vorratsschrank versteckt werden.

SIE BRAUCHEN

Blumenkasten
Sandpapier
Emulsionsfarbe: rot, blau, grün und weiß
Pinsel
Stahlwolle
Lack-Politur oder Klarlack
Bohrmaschine
2 Schrauben mit Dübeln
Schraubenzieher

eins *Schmirgeln Sie den Kasten mit Sandpapier ab und malen Sie ihn an. Betonen Sie einige Teile durch kontrastierende Farben. Lassen Sie den Kasten trocknen.*

zwei *Mischen Sie die weiße Farbe mit Wasser im Verhältnis 1:1. Streichen Sie den ganzen Kasten noch einmal an. Lassen Sie alles trocknen. Reiben Sie die weiße Farbe mit feiner Stahlwolle ab, so daß man die Farbe nur noch in der Holzmaserung und in den Unebenheiten des Kastens sieht.*

drei *Geben Sie eine Schicht Lackpolitur über den Kasten, um die Oberfläche zu schützen. Bohren Sie zwei Löcher hinten durch den Kasten und hängen Sie ihn an die Wand.*

PACKED IN ENGLAND
EXPRESSLY FOR WILLIAMS-SONOMA INC.
SAN FRANCISCO, CA. 94120.

Hängende Gläser

Die Idee, einem Küchenregal eine doppelte Funktion zu verleihen, wurde von einem Geräteschuppen abgeguckt. Gärtner oder Heimwerker hängen oft Marmeladengläser an ihre Regale, um sie dann mit Schrauben, Nägel, Bolzen oder anderen kleinen Dingen zu füllen. Das sieht ordentlich aus, und der Inhalt ist jederzeit griffbereit. Nägel brauchen Sie zwar nicht gerade in der Küche, aber dafür können Sie nun Reis, Hülsenfrüchte oder Kekse hervorragend lagern. Verwenden Sie kleinere Gläser für ein Gewürzregal.

SIE BRAUCHEN

4 oder mehr Gläser mit Schraubdeckel

Küchenregal

Bleistift

Pfriem

Schrauben (nicht länger als die Regaldicke)

Schraubenzieher

eins *Arrangieren Sie die Marmeladengläser an der Unterseite des Regals. Es muß genug Platz zwischen den Gläsern sein, damit eine Hand dazwischenpaßt. Markieren Sie die Stellen mit einem Bleistift.*

zwei *Mit einem Pfriem bohren Sie je zwei Löcher durch die Deckel und in das Holz.*

drei *Schrauben Sie die Deckel an das Brett.*

vier *Schrauben Sie dann die Gläser an das Brett, am besten bevor Sie das Regal an der Wand anbringen.*

Gemüseampel

Das meiste Küchenzubehör wird aus praktischem, aber unattraktivem Plastik oder aus teurem Chrom oder Edelstahl hergestellt. Diese einmalige Gemüseampel ist kein Designerstück aus Tokio, Mailand oder Paris, auch wenn sie danach aussieht. Sie ist aus Gartenzubehör gemacht: drei Gartensiebe und eine Kette! Im Geschäft sieht das Gemüse immer so verlockend aus, also warum nicht auch in Ihrer eigenen Küche? Hängen Sie die Ampel am besten in einer Ecke auf, damit sie gut eingesehen werden kann und Sie bequemen Zugriff auf das Obst und Gemüse haben.

Sie brauchen

3 m Kette, plus der gewünschte Abstand zur Zimmerdecke
Säge
Zange
Schnur
3 Metallgartensiebe
Buntstift
Schere
Klebeband
Küchentuch
Lochstanze
Hammer
Bohrmaschine
15 Haken (S-Haken)
Karabinerhaken
Deckenhaken und Dübel

eins *Zersägen Sie die Kette in 9 Teile mit je 12 Ringen. Sägen Sie immer nur durch eine Hälfte des Rings. Mit der Zange biegen Sie den Ring dann auf.*

zwei *Messen Sie den Umfang der Siebe mit einer Schnur. Markieren Sie die Länge auf der Schnur. Schneiden Sie die Schnur an dieser Stelle durch.*

drei *Falten Sie die Schnur in drei gleichlange Abschnitte. Markieren Sie die Stellen mit einem Buntstift.*

vier *Legen Sie die Schnur wieder um das erste Sieb und kleben Sie ein Stück Klebeband an die markierten Stellen. Die anderen beiden Siebe benötigen sechs Markierungen, drei oben und drei unten. Sie müssen hier genau und sorgfältig arbeiten, damit das Gestell hinterher auch gerade hängt.*

fünf *Legen Sie die Siebe auf ein Tuch auf eine harte Oberfläche. Mit der Lochstanze machen Sie an jeder Markierung eine Delle.*

sechs *Bohren Sie Löcher durch die Dellen.*

sieben *Führen Sie die S-Haken durch alle Löcher. Arrangieren Sie die Siebe in der richtigen Reihenfolge. Das Sieb mit den drei Löchern kommt ganz nach unten. Beginnen Sie mit dem unteren Sieb und befestigen Sie einen Kettenring an dem Haken. Die Länge der Kette ist variabel, je nachdem, an welchem Ring Sie die Haken einhängen.*

WEITER ➤

acht *Hängen Sie die oberen Enden der drei Ketten in den Karabinerhaken. Mit der übrigen Kette hängen Sie das Gestell an die Decke. Der Deckenhaken muß fest sitzen, um das Gewicht der Ampel zu tragen.*

Diese Gemüseampel paßt sowohl in eine rustikale als auch in eine moderne Küche.

Provençalischer Stuhl

Verwenden Sie provençalische Karos und Streifen in einer mit hellem Holzt möblierten Küche. Man kann von vielen Küchenstühlen den Sitzbezug entfernen und den Stuhl dann neu dekorieren. Schauen Sie sich zuerst die Farben und Muster Ihrer Tischwäsche an und suchen Sie sich für den Bezug einen passenden Stoff aus. Ein Vorschlag für einen traditionellen Stuhl wäre ein karierter Sitz in Pastellfarben. Schon wirkt der rustikale Stuhl elegant und modern.

SIE BRAUCHEN

Küchenstuhl
Musterpapier
Bleistift
dünner Schaumstoff
Schere
ca. 3 m x 137 cm Stoff
Stoffmarkierer
Maßband
Lineal
Stecknadeln
Nähmaschine
passender Faden
Bügeleisen
farbiges Band oder Schleifen

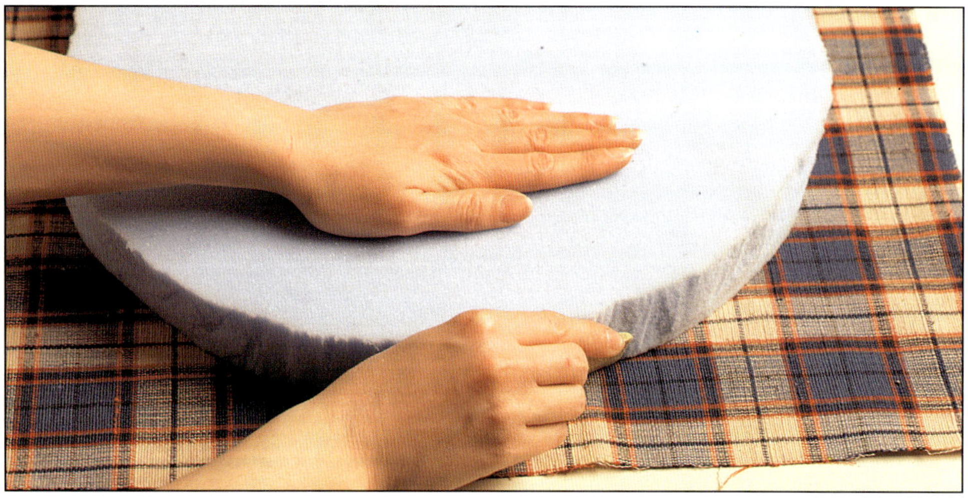

eins *Mit dem Musterpapier (Textilhandel) zeichnen Sie die Form des Sitzes nach. Schneiden Sie diese Form aus dem Schaumstoff. Zeichnen Sie dieselbe Form plus 2 cm ringsherum für den Saum auf die Rückseite des Stoffes. Messen Sie den Umfang und die Tiefe des Schaumstoffs.*

zwei *Schneiden Sie einen Streifen mit schrägen Rändern mit diesen Maßen plus 4 cm für den Saum. Nähen Sie den Streifen rings um den Sitzbezug mit der Nähmaschine an.*

drei *Wählen Sie die Tiefe des Volants. Die Länge des Stoffes dafür ist der dreifache Umfang des Sitzes.*

vier *Schneiden Sie einen Stoffstreifen ab (oder nähen Sie zwei kürzere zusammen) und säumen Sie den unteren Rand und die zwei Enden. Falten und bügeln Sie die Falten. Danach sollte der Stoff genau so lang sein wie der Umfang des Sitzkissens. Nähen Sie die Falten mit einer Naht am oberen Rand des Streifens fest. Nähen Sie den Volant an den Sitzstoff. Lassen Sie evtl. den hinteren Teil des Sitzbezuges ohne Volant.*

fünf *Nähen Sie Bänder oder Schleifen an die ungesäumten Ränder und befestigen Sie diese an der Rückenlehne. So wird das Sitzkissen fixiert. Sie können dazu auch Reste des Sitzstoffes verwenden. Nähen Sie zwei Streifen ab und an zwei Stellen an den Sitzbezug. Dann binden Sie den Bezug mit einer Schleife an die Rückenlehne.*

Fliesen aus Papier

Wenn Sie Ihre Küche fliesen möchten, echte Fliesen Ihnen aber zu teuer sind, gibt es eine einfache, kostengünstige Alternative. Fotokopieren Sie einfach ein beliebiges Motiv in ausreichender Menge, schneiden Sie das Papier in Fliesengröße und kleben Sie die Papierfliesen an die Wand. Klaren Lack darüber, und Ihre Küche ist wie neu. Sie brauchen dazu eigentlich nur etwas Zeit und Geduld. Wenn Ihnen diese Idee gefällt, dann können Sie mit anderen Motiven auch weitere Zimmer mit Papierfliesen tapezieren.

Sie brauchen

Besteckmotiv
Lineal
Teppichmesser
Schneideunterlage
Richtscheit
Wasserwaage
Tapetenkleister
Bürste
Klarlack
Lackpinsel

eins *Fotokopieren Sie das Motiv in ausreichender Menge. Zeichnen Sie das Fliesenquadrat um das Motiv herum. Schneiden Sie alle Fliesen mit einem scharfen Messer auf einer Schneideunterlage vorsichtig aus.*

zwei *Mit Richtscheit und Wasserwaage entwerfen Sie ein Gittermuster und kleben dann die Fotokopien an die entsprechenden Stellen an der Wand. Die Quadrate müssen gerade ausgerichtet sein. Lassen Sie die Fliesenwand trocknen.*

drei *Mehrere Schichten Lack schützen das Papier. Lassen Sie jede Schicht erst trocknen.*

BESTECKKASTEN

Dieses Projekt verbindet Hightech-Design und Surrealismus. Hinzu kommt, daß Sie sogar Ihr Besteck darin aufbewahren können. Diese eleganten Kästen sehen vor allem in einer modernen Küche gut aus, in der ohnehin schon Chrom und Stahl die vorherrschenden Materialien sind. Fertigen Sie getrennte Kisten für Gabel, Messer und Löffel an, und Sie werden sich nie wieder durch eine unordentliche Schublade wühlen müssen.

SIE BRAUCHEN

polierte Gabel, Löffel und Messer
3 Kästen mit Klappdeckel aus Metall
Buntstift
Sandpapier
Feile
Metallkleber
Teppichmesser

eins *Knicken Sie das Messer rechtwinklig ab, evtl. über einer Tischkante. Zeichnen Sie eine Markierung für das Messer auf dem Kastendeckel ein. Rauhen Sie die Unterseite des Messers und die vorgesehene Stelle auf dem Deckel an.*

zwei *Mischen Sie den Metallkleber und folgen Sie der Gebrauchsanweisung. Geben sie etwas Kleber auf den Deckel und kleben Sie das Messer an.*

drei *Drücken Sie das Messer auf dem Deckel fest. Mit einem Teppichmesser können Sie Klebstoffreste entfernen. Wiederholen Sie den Vorgang mit dem Löffel und der Gabel.*

TROMPE-L'OEIL-LINOLEUM

LINOLEUM BZW. PVC WIRD HEUTZUTAGE in zahlreichen Größen, Farben und Mustern verkauft. Mit dreidimensionalen Mustern und raffinierten Farben auf dem Kunststoff erreichen Sie grandiose Effekte. Linoleum ist ausdauernd, wasserfest und ein sehr kostengünstiger Fußbodenbelag. Mit diesem Vorschlag wird Ihr Linoleumboden zur größten Attraktion Ihrer Küche. Wir haben hier gerolltes Linoleum und Fußbodenkleber verwendet, aber auch selbstklebende Fliesen sind für diese Arbeit geeignet.

SIE BRAUCHEN

Schleifmaschine
Maßband
Bleistift
Papier
Lineal
Richtscheit
Holzfaserplatte
Säge
Linoleumrollen in verschiedenen Farben
Teppichmesser
Bodenkleber

eins *Ihr Boden muß eben und glatt sein, ansonsten legen sie Holzfaserplatten unter. Vergewissern Sie sich, daß keine Nägel hervorstehen und schleifen Sie die Latten.*

zwei *Messen Sie den Boden aus. Mit einer Schablone sollten Sie unbedingt das Muster auf einem Schmierpapier vorzeichnen.*

drei *Zeichnen Sie ein Gitternetz auf den Boden, an dem Sie sich beim Verlegen ausrichten können. Zeichnen Sie jede benötigte Form (Dreiecke, Rauten, etc.) für das Muster auf eine Holzfaserplatte und sägen Sie die Schablonen aus.*

vier *Schneiden Sie die Linoleumstücke mit den Schablonen genau aus.*

fünf *Legen Sie das Muster probeweise aus und prüfen Sie, ob die Stücke genau aneinanderpassen. Geben Sie jedem Stück eine Nummer auf der Rückseite, dann wird das Legen einfacher. Kleben Sie das Linoleum nun mit Bodenkleber fest an.*

Marmorfussboden

Haben Sie einen Holzfußboden, wollten aber schon immer wie in einem Königspalast auf Marmor laufen? Das ist kein Problem! Inspiriert von Vermeers Gemälden haben wir ein Muster ausgewählt, das gut in einen Palast passen würde. Sie können aber ohne weiteres auch nur ein einfaches Karogitter auslegen oder eine große, einfarbige Fläche. Finden Sie ein echtes Stück Marmor als Vorlage, dessen Maserung Ihnen gefällt. Diese Technik ist übrigens nur für trockene Räume gedacht. Der Boden sieht wirklich fabelhaft aus, und die Idee wird Sie sicherlich begeistern.

SIE BRAUCHEN

Maßband
Papier
Bleistift
Lineal
schwarzer Kugelschreiber
weiße Grundierfarbe
Farbroller
langes Richtscheit
Ölfarben: schwarz, hellgrau, dunkelgrau, silber
Glasur auf Ölbasis
Pinsel
Tuch
Vogelfeder
weiche Bürste
trockenes Tuch
Pinsel
Terpentinersatz
schwarze Farbe
Mattlack zum Versiegeln

eins *Messen Sie das Zimmer aus. Zeichnen Sie ein Gitternetz auf Papier. Verwenden Sie die Schablone im Anhang des Buches.*

zwei *Malen Sie das Muster aus. Fangen Sie in der Mitte an und arbeiten Sie sich nach außen.*

drei *Sie brauchen unbedingt einen ebenen Boden, z.B. aus Hartfaserplatten. Grundieren Sie den Boden mit einigen Schichten weißer Farbe.*

vier *Zeichnen Sie das Muster mit Bleistift auf den Boden. Geben Sie einen schwarzen Farbklecks in jedes Quadrat, das schwarz werden soll.*

fünf *Fügen Sie ein wenig hellgraue Ölfarbe zur Glasur und streichen Sie eine hauchdünne Schicht über die Quadrate, die weiß werden sollen.*

sechs *Mit einem Tuch wischen Sie nun über die noch nicht getrocknete Glasur, um die Oberfläche gleichmäßig zu machen. Es sollten keine Pinselstriche mehr zu sehen sein.*

sieben *Tauchen Sie eine Vogelfeder in eine Mischung von schwarzer Ölfarbe und Glasur. Malen Sie mit der Feder vorsichtig die Maserung des Marmors auf den Boden.*

acht *Mit einer weichen Bürste verwischen Sie die Maserung, damit sie sich besser mit dem Hintergrund verbindet. Säubern Sie die Bürste öfter an einem Tuch.*

neun *Mit einem Künstlerpinsel verfeinern Sie die Arbeit. Fügen Sie etwas Terpentinersatz dazu, damit die Linien verschwimmen. Sie können auch noch mehr hellgraue oder eine andere Farbe dazugeben.*

WEITER ➤

zehn *Entfernen Sie die Bleistiftmarkierungen mit einem trockenen Lappen.*

elf *Malen Sie die schwarzen Quadrate aus.*

zwölf *Mit ein wenig grauer oder silberner Farbe und Terpentinersatz verwischen Sie die schwarzen Quadrate. Tragen Sie die Farbe dabei direkt auf den Pinsel auf. Versiegeln Sie den Boden mit mehreren Schichten Lack.*

PINWAND AUS HOLZ

EINE PINWAND IST IN DER KÜCHE schlichtweg unentbehrlich, kann aber auch zur Dekoration beitragen. Diese Wand hier wirkt besonders interessant, da sie nicht aus dem üblichen Kork gefertigt wurde, sondern aus Holz. Die Küchenwand in diesem Vorschlag wurde heller gestrichen als das Holz, und wirkt komplementär. Die Holzleisten sind 2,5 x 2,5 cm, aber die Maße hängen von Ihrem persönlichen Geschmack ab.

SIE BRAUCHEN

Maßband
Holzleisten
Bleistift
Säge
blaue Emulsionsfarbe
Pinsel
Wasserwaage
Richtscheit
Bohrmaschine
Dübel
Holzschrauben
Schraubenzieher
Hammer und Nägel
Papierclips

eins *Messen Sie das Holz aus und schneiden Sie so viele Leisten, wie Sie brauchen. Bemalen Sie die Leisten mit grünblauer Farbe.*

zwei *Markieren Sie die Stellen, an denen Sie die Leisten anbringen wollen. Bohren Sie Löcher in Wand und Leisten und schrauben Sie die Leisten an.*

drei *Schlagen Sie Nägel in die Leisten und hängen Sie die Clips daran.*

3

REGAL MIT PFIFF

Jeder hat Regale im Haus oder in der Wohnung, aber haben Sie sich schon einmal vorgestellt, wie hübsch eine Borte daran aussehen würde? Hier werden drei verschiedene Materialien verwendet, die gut in eine Küche passen. Experimentieren Sie mit allem, was Sie finden können. Sie werden staunen, was man aus einem etwas eintönigen Küchenregal machen kann. Wegen des doppelseitigen Klebebands können Sie die Borten jederzeit abziehen und durch neue ersetzen. So können Sie Ihre Regale immer wieder neu dekorieren.

SIE BRAUCHEN

Maßband
Schnur
Schere
Klebeband
roter Raffiabast
chinesische Tageszeitung
Bleistift
doppelseitiges Klebeband

eins *Messen Sie die Länge Ihres Regals. Schneiden Sie ein Stück Schnur etwa 5 cm länger als das Regal ab. Schneiden Sie viele weitere Schnurstücke ab, je ca. 15–20 cm lang.*

zwei *Bündeln Sie je drei Schnurstücke. Wickeln Sie die einzelnen Bündel in einer Masche um die längere Schnur (siehe Foto). Sie können die längere Schnur auch auf dem Arbeitstisch festkleben, wenn Ihnen dann das Wickeln leichter fällt. Schneiden Sie kleine Stücke Raffiabast ab und machen Sie kleine Knoten daraus, die Sie zwischen den Maschen an der langen Schnur anbringen.*

drei *Für die Zeitungsborte messen Sie das Regal. Schneiden Sie Streifen in der gewünschten Länge und falten Sie das Papier wie eine Zieharmonika.*

vier *Experimentieren Sie mit Mustern. Schneiden Sie Ihr Lieblingsmuster aus. Falten Sie den Zeitungsstreifen wieder auf, glätten Sie das Papier und kleben Sie die Borte an das Regal.*

fünf *Für die Bastborte schneiden Sie ein Stück in Regallänge ab und viele kurze Stücke für die Borte.*

sechs *Wickeln Sie die kurzen Stücke so um die lange Schnur, wie es in Schritt zwei beschrieben wird. Die lange Schnur sollte nicht mehr zu sehen sein. Schneiden Sie die Enden gerade. Bringen Sie die Borte mit doppelseitigem Klebeband an.*

TOSKANISCHES TÜRBILD

MIT GEDULD UND EIN WENIG Mut können Sie eine hübsche Wanddekoration kreieren, die in Ihrer eigenen Küche eine Atmosphäre wie in einem toskanischen Landhaus schafft. Der Trick hierbei ist die Farbe: Sie malen eine Schicht und wischen sie wieder ab, um die Hintergrundfarben hervorzubringen. Weitere Effekte erzielen Sie, indem Sie einige Stellen abkleben und schwungvolle Linien hinzufügen. Es ist nicht wichtig, ob Ihre Linien perfekt sind, sondern der persönliche Touch ist entscheidend. Übermalen Sie die gesamte Fläche mit verlängerter Ockerfarbe und Sie erhalten das antik wirkende Ergebnis.

SIE BRAUCHEN

Emulsionsfarbe: creme, gelb, terrakotta und grün
verschiedene Pinsel
Farbroller
Farbmischpalette
Bleistift
Schmierpapier
Lineal
Wasserwaage
Richtscheit
Schnur
Klebeband
Sandpapier
brauner Buntstift

eins *Experimentieren Sie mit den Farben. Nehmen Sie ruhig kräftige Farben, da sie sowieso abgeschmirgelt werden. Beginnen Sie mit der Grundierung in Creme.*

zwei *Streichen Sie eine Schicht sonnengelbe Farbe über die Fläche.*

drei *Zeichnen Sie Ihr Muster auf Papier vor.*

vier *Zeichnen Sie die geraden Linien an die Wand. Nehmen Sie dazu Richtscheit und Wasserwaage.*

fünf *Zeichnen Sie die Bögen. Nehmen Sie dazu einen Bleistift und binden Sie eine Schnur daran, so erhalten Sie einen großen Zirkel und können einen perfekten Türbogen zeichnen.*

sechs *Grenzen Sie alle Flächen, die mit Terrakottafarbe bemalt werden sollen, mit Klebeband ab.*

sieben *Malen Sie die Terrakotta-Flächen und entfernen Sie das Band.*

acht *Streichen Sie die anderen Flächen grün.*

neun *Zeichnen Sie von Hand eine dünne, cremefarbene Linie um alle Ränder.*

WEITER ➤

zehn *Schmirgeln Sie das Bild ab. Schleifen Sie an einigen Stellen bis zur Grundierung, lassen Sie andere Stellen ungeschliffen. Arbeiten Sie nach dem Zufallsprinzip.*

elf *Geben Sie noch eine letzte gelbe Farbschicht über das gesamte Werk. Kleben Sie die Quadrate in der Borte ab. Zeichnen Sie die Umrisse und entfernen Sie das Klebeband.*

zwölf *Malen Sie alle Ränder der Quadrate und entfernen Sie sofort das Klebeband.*

dreizehn *Mit dem braunen Buntstift zeichnen Sie die ganz feinen Linien nach.*

ZIEGELWAND

FLIESEN IM ZIEGEL-LOOK SIND fast in jedem Baumarkt erhältlich und bekommen mit einem hellen Farbanstrich einen ganz eigenen Charakter. Sie können sie traditionell versetzt arrangieren oder auch einfach übereinander. Da eine Seite glatt und die andere grob ist, können Sie auch mit den Oberflächen experimentieren. Halbe Fliesen oder Bruchstücke sind gut für den Rahmen geeignet. Damit lassen sich auch recht komplexe Muster legen. Die Farbwahl ist entscheidend: Dasselbe Muster wirkt z.B. in Weiß völlig anders als in Ocker.

SIE BRAUCHEN

Richtscheit
Wasserwaage
Bleistift
Ziegelfliesen
Fliesenkleber
Säge
hellgelbe Emulsionsfarbe
Pinsel
Mörtel (nach Wunsch)

eins *Mit Richtscheit und Wasserwaage legen Sie die Anordnung der Fliesen an der Wand fest. Folgen Sie den Anweisungen des Fliesenherstellers und verlegen Sie die Fliesen an die entsprechenden Stellen. Mit der Säge können Sie einige Ziegelfliesen in kleine Stücke sägen. Legen Sie daraus den Rahmen.*

zwei *Streichen Sie eine Schicht gelbe Farbe über die Fliesen.*

drei *Auf Wunsch können Sie die Fliesen mit Mörtel verfugen. Ansonsten streichen Sie eine weitere Farbschicht über die Fliesenwand.*

LEINENROLLO

JUTE UND LEINEN SIND natürliche Materialien. Zusammen mit dem Bambusrohr zaubern Sie ein einzigartiges Rollo für Ihre Küche. Das Rollo schützt Ihre Privatsphäre vor neugierigen Blicken, läßt aber das Sonnenlicht trotzdem herein. Das Bambusrohr ist sehr einfach zu handhaben, und der raffinierte Seilzug wird garantiert zum Gesprächsthema Ihrer Freunde und Familie.

SIE BRAUCHEN

Jute in Fenstergröße
Schere
Baumwolleinen in Fenstergröße
Heftmaschine
6 Bambusrohre
Saumfixierer
Bügeleisen
Maßband
Säge
Nadel
passender Faden
2 x 1 cm Bronzeringe
2 x 1 cm Scharniere
Kleiderbügel aus Draht
Zange
Bleistift
dünner Karton
4 leere Holzspulen
4 Schrauben
Schraubenzieher
Schnur

eins *Schneiden Sie die Jute in vier Streifen. Legen Sie je einen Streifen Jute rechts und links über den Rand des Leinenstoffs, so daß Sie einen Rand aus Jute haben. Heften Sie die beiden Stoffstücke mit Heftklammern aneinander.*

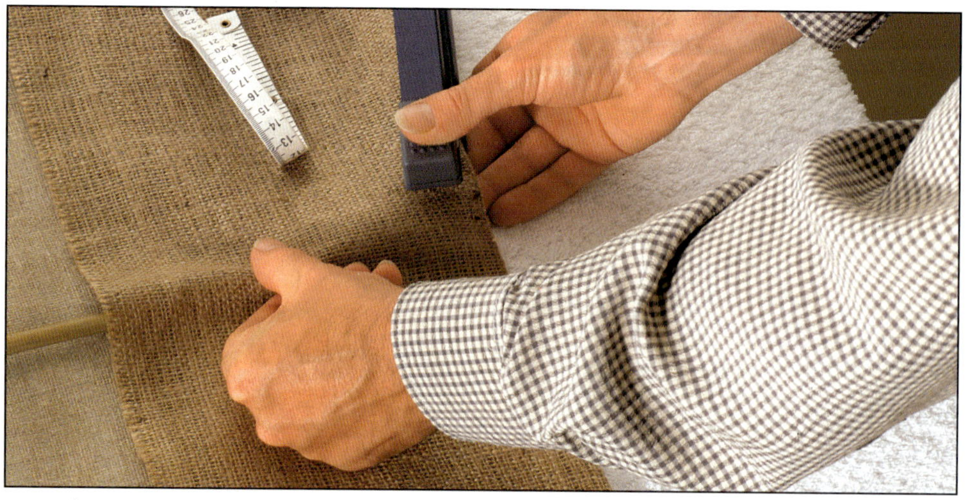

zwei *Teilen Sie die gesamte Länge des Stoffes durch sechs, um die Stellen für die Bambusrohre zu markieren. Sägen Sie die Bambusrohre so ab, daß sie in das Fenster passen. Legen Sie den ersten Stock zwischen Jute und Leinen und halten Sie ihn fest, damit Sie ihn mit Heftklammern fixieren können. Wiederholen Sie den Vorgang auf der anderen Seite sowie mit den fünf anderen Rohren.*

➤

drei *Legen Sie die zwei übrigen Jutestreifen oben und unten auf das Leinen. Legen Sie je ein Bambusrohr ein und heften Sie alles zusammen.*

vier *Bügeln Sie die Säume mit Saumfixierer fest zusammen.*

➤

fünf *Nähen Sie einen Bronzering an jede Stelle, wo ein Bambusrohr durch Jute und Leinen verläuft. Achten Sie darauf, durch beide Stofflagen zu nähen und den Faden um das Rohr herumzuziehen, damit es fest sitzt. Nähen Sie nun auch die Scharnierringe an die Oberkante des Rollos an.*

sechs *Schneiden Sie die überstehende Jute ab. Sollte der Stoff ausfransen, geben Sie noch ein wenig Saumfixierer hinzu.*

sieben *Schneiden Sie fünf Drahtstücke von der langen Seite der Kleiderbügel ab – drei Stücke zu 16 cm und zwei Stücke zu 26 cm.*

acht *Richten Sie sich nach dem Foto und zeichnen Sie den Drahtbügel für die Spulen auf Karton vor. Dann biegen Sie die kurzen Drahtstücke mit der Zange in die abgebildete Form.*

WEITER ➤

neun *Biegen Sie die zwei längeren Stücke in U-Form als Halterungen für das Rollo (siehe Foto).*

zehn *Schrauben Sie je eine Spule mit Drahthalterung in die rechte und linke Ecke des Fensters in die Decke. Wenn die Schrauben zu klein sind, verwenden Sie eine Unterlegscheibe. Richten Sie die Schlaufen des Flaschenzugs aus und schrauben Sie die Drahthaken zusammen mit den übrigen Spulen an (Foto).*

elf *Öffnen Sie den Scharnierring und hängen Sie das Rollo vor das Fenster.*

zwölf *Binden Sie die Schnur um den untersten Ring. Führen Sie die Schnur durch die Ringe und über die Spulen. Wiederholen Sie den Vorgang auf der anderen Seite.*

dreizehn *Verknoten Sie die zwei Schüre ca. 15 cm von der Eckspule entfernt. Schrauben Sie die letzte Spule in die Seitenwand des Fensters, damit Sie das Rollo auf- und zuziehen können.*

METALLFUSSBODEN

Ein Metallboden ist ein langlebiger Bodenbelag und gibt Ihrer Küche einen einzigartigen Glanz. Sie können den Boden zusätzlich streichen, aber auch im ursprünglichen Zustand sieht das Metall toll aus. Entscheiden Sie sich, ob Sie Kupfer, Zink, Stahl oder ein anderes Metall verwenden möchten. Ihr Fachhändler wird die Platten für Sie zurechtschneiden. Die Metallplatten können auf fast jedem Fußboden verlegt werden.

SIE BRAUCHEN

Metallbodenplatten
Holzklotz
Feile
Bohrmaschine
Holzschrauben
Schraubenzieher
Bodenkleber
Metall- oder Holzfußleiste

eins *Mit der Feile runden Sie scharfe Kanten ab, aber achten Sie darauf, die Oberfläche der Platten nicht zu beschädigen. Legen Sie die Platten auf einen Holzklotz und bohren Sie nun Löcher in jede Ecke und dann in Abständen von etwa 20 cm an die Ränder.*

zwei *Haben Sie einen Holzfußboden, können Sie die Platten direkt mit Holzschrauben auf dem Boden festschrauben.*

drei *Legen Sie die Metallplatten nebeneinander aus und schrauben Sie sie fest. Bei einem Betonfußboden können Sie die Metallplatten auch festkleben. Bringen Sie ringsherum eine Metall- oder Holzfußbodenleiste an.*

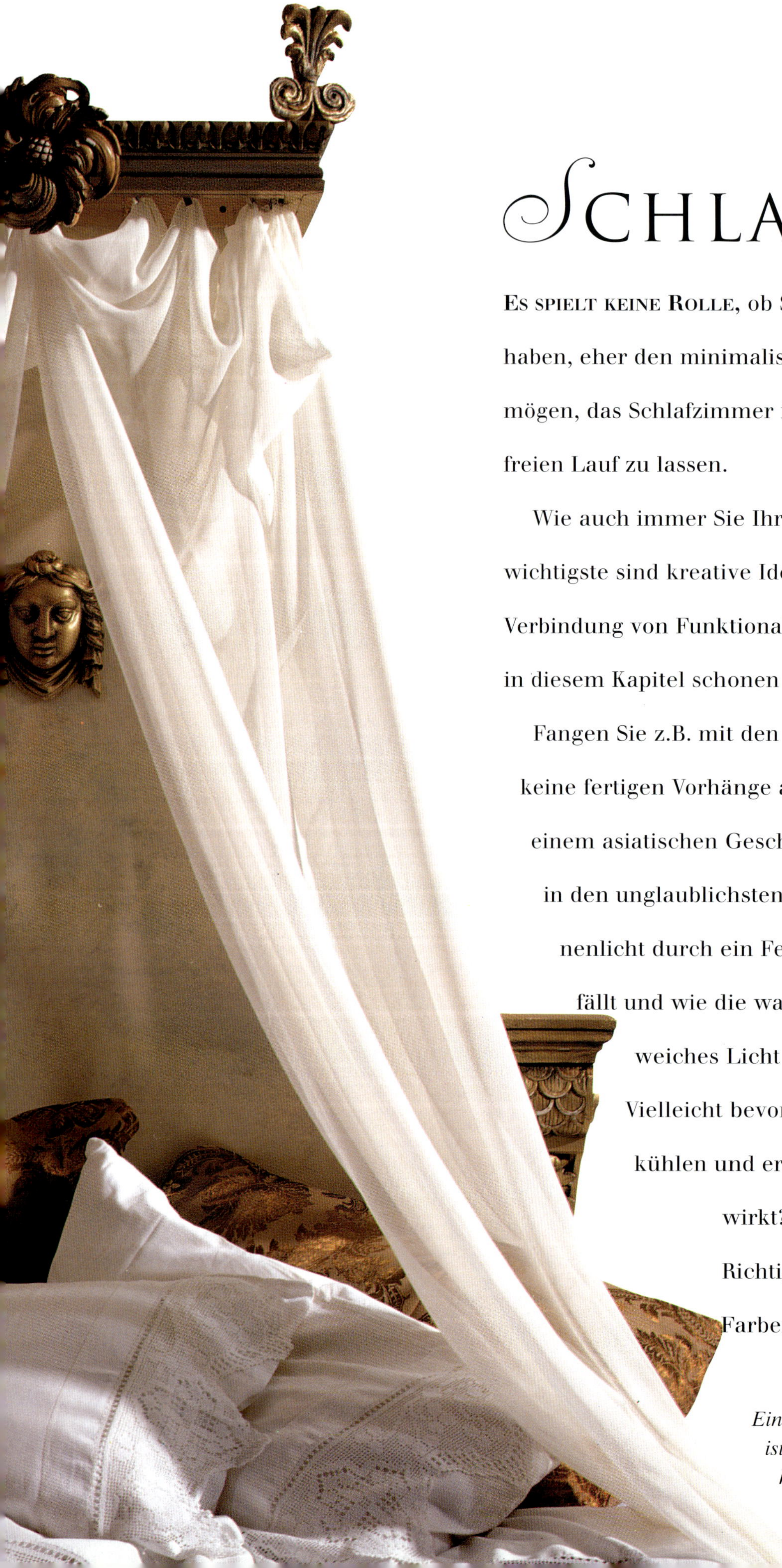

SCHLAFZIMMER

Es spielt keine Rolle, ob Sie einen etwas ausgefallenen Geschmack haben, eher den minimalistischen Stil bevorzugen oder Holzmöbel mögen, das Schlafzimmer ist genau der richtige Ort, um Ihren Ideen freien Lauf zu lassen.

Wie auch immer Sie Ihr Schlafzimmer einrichten möchten, das wichtigste sind kreative Ideen und deren praktische Umsetzung, die Verbindung von Funktionalität und Phantasie. Mit den Tips und Tricks in diesem Kapitel schonen Sie zudem Ihren Geldbeutel.

Fangen Sie z.B. mit den Vorhängen an. Unser Vorschlag: Kaufen Sie keine fertigen Vorhänge aus dem Fachhandel. Versuchen Sie, in einem asiatischen Geschäft Sari-Stoffe aus Indien zu finden, die es in den unglaublichsten Farben gibt. Stellen Sie sich vor, wie Sonnenlicht durch ein Fenster mit einem hauchdünnen Sari-Vorhang fällt und wie die warmen Farben des Stoffes das Zimmer in ein weiches Licht tauchen.

Vielleicht bevorzugen Sie auch ein Schlafzimmer im kühlen und ernsten Design, das auf beruhigend auf Sie wirkt? Dann ist der japanische Stil genau das Richtige: klare Linien, einfache Stoffe und kühle Farben. Ein mit Papier bezogenes Gartengitter

Ein Himmelbett mit Vorhängen aus weißer Baumwolle ist herrlich romantisch, zudem ist es sehr einfach herzustellen.

wird zur japanischen Trennwand als Fensterdekoration, die Ihnen Schutz vor neugierigen Blicken und zudem perfekten Lichteinfall bietet.

Mit Möbelabdeckungen aus Baumwollstoff aus dem Malerfachhandel lassen sich die unglaublichsten und preiswertesten Dekorationen gestalten, z.B. ein Bezug für einen Futon. Runden Sie Ihr asiatisches Zimmer mit einer Nachttischlampe aus Wellpappe und Bambusstäben ab.

Schlafen Sie wie ein König oder eine Königin in einem Himmelbett. Fertig gekaufte Holz- und Gipsdekorationen verleihen dem Bett den antiken Touch. Eine Wanddeko aus einer einfachen Heizkörperabdeckung wirkt dazu sehr elegant.

LAMPE AUF DREI BEINEN

DIESE MODERNE STEHLAMPE wirkt etwas zerbrechlich, aber die drei Beine sind sehr stabil. Das einfache Design paßt gut zu einem Zimmer im japanischen Stil, ganz besonders, wenn Sie einen sehr einfachen Lampenschirm verwenden. Das Dreibein wird aus Holzstäben, die an eine Holzscheibe geschraubt werden, hergestellt. Der Rahmen wird mit Musselin bezogen. Sie befestigen eine konventionelle Lampenfassung auf der Holzscheibe und bohren noch ein Loch für das Kabel.

SIE BRAUCHEN

dunkle Holzbeize
3 Holzstäbe von 1 m Länge
weiches Tuch
Bleistift
Zirkel (nach Wunsch)
quadratisches Stück Holz
Schraubzwinge
2 Holzklötze
Säge
Bohrmaschine
Teppichmesser oder Skalpell
Holzkleber
Maßband
zylinderförmiger Drahtrahmen für Lampenschirme
Schere
3 m ungebleichtes Musselin
Stecknadeln
rostfarbener Stickfaden
Nähnadel
Lampenschirmhalter

eins *Beizen Sie die Holzstäbe mit dunkler Beize. Zeichnen Sie einen Kreis von 18 cm Durchmesser auf das Holzquadrat, fixieren Sie das Holz in der Schraubzwinge, legen Sie dabei die beiden Holzklötze unter. Sägen Sie nun den Kreis vom Rand beginnend aus. Drehen Sie dabei das Holz, dann ist das Sägen einfacher.*

zwei *Verwenden Sie einen Bohraufsatz, der nur wenig dünner ist als die Holzstäbe und bohren Sie drei schräge Löcher im gleichen Abstand in die Holzscheibe. Bohren Sie ebenfalls ein gerades Loch genau in die Mitte der Scheibe.*

drei *Spitzen Sie die Enden der Holzstäbe mit einem Teppichmesser etwas ab und stecken Sie sie in die drei Bohrlöcher. Fixieren Sie die drei Stäbe an der Kreuzungsstelle mit Holzkleber, den Sie trocknen lassen. Messen Sie den Lampenrahmen aus. Schneiden Sie eine doppelte Lage Musselin 10 cm höher als der Schirm und in ausreichender Länge plus 4 cm für den Saum ab. Befestigen Sie den Stoff mit Stecknadeln an einer Strebe des Drahtgestells, lassen Sie oben und unten jeweils 2 cm überstehen. Raffen Sie den Stoff dabei etwas zusammen.*

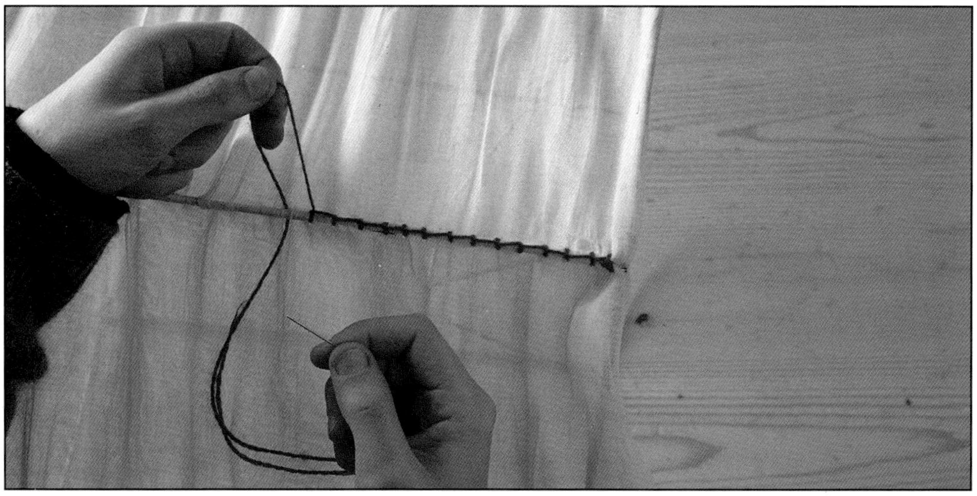

vier *Stecken Sie den Stoff an die nächste Strebe und nähen Sie ihn mit Einfaßstichen fest. Einfaßstiche gehen wie folgt: Stechen Sie die Nadel von der Rückseite, ziehen Sie den Faden aber nicht ganz durch den Stoff. Ziehen Sie die Nadel durch die Schlaufe des Fadens, dann erst ziehen Sie den Faden fest. Verfahren Sie so bei jeder Drahtstrebe. Wenn Sie einmal um das Gestell herum sind, nähen Sie an der letzten Strebe die beiden Stoffenden mit Einfaßstichen zusammen.*

fünf *Wickeln Sie den überstehenden Saum oben und unten um den Draht und nähen Sie ihn an. Beauftragen Sie am besten einen Elektriker mit der Installation der Lampenfassung und des Kabels.*

JAPANISCHE TRENNWAND

Diese Trennwand ist die perfekte Lösung für eher minimalistisch eingerichtete Zimmer. Als Fensterdekoration schützt sie vor neugiergen Blicken, läßt aber genug Licht ins Zimmer. Sie wird aus einem einfachen Gartengitter gemacht, das Sie schwarz streichen und mit dickerem Pauspapier beziehen, das Sie einfach mit Heftklammern befestigen. Sie können das Gartengitter auf die passende Größe Ihres Fensters zurechtschneiden.

SIE BRAUCHEN

Gartengitter
Tafelfarbe (oder Lack)
Pinsel
schweres Pauspapier
Heftmaschine
Teppichmesser
rote Emulsionsfarbe
Bohrmaschine
2 Ösen
Maßband
Drahtkleiderbügel
Drahtzange
Zange
2 Bilderhaken

eins *Malen Sie das Gartengitter schwarz an und lassen Sie es trocknen. Tafelfarbe ergibt eine schöne, matte Oberfläche, aber Sie können auch Glanz- oder Mattlack verwenden. Befestigen Sie das Pauspapier auf der Rückseite des Gartengitters mit Heftklammern. Man sollte keinen Überstand oder Nähte sehen.*

zwei *Als Blickfang streichen Sie ein Quadrat rot. Bohren Sie zwei kleine Löcher auf den oberen Rahmen, je etwa ein Quadrat vom Rand entfernt.*

drei *Schrauben Sie eine Öse in jedes Loch. Messen Sie die Fensterlänge, damit Sie wissen, wie lang Sie die Drahthaken schneiden müssen. Der untere Rand der Trennwand sollte auf der Fensterbank aufliegen. Schneiden Sie zwei Drahtstücke aus dem Kleiderbügel, dann hängen Sie diese an Bilderhaken über dem Fenster.*

JAPANISCHER FUTON

Dieses stilvolle und sparsam möblierte Schlafzimmer verströmt eine typisch japanische Stimmung von Ruhe, Ordnung und Einfachheit. Der Bettkasten ist aus Holzpaletten gemacht. Die Palettengröße ist genormt (Euro-Palette) aber man kann sie sich gut zurechtsägen und auch mehrere Paletten ineinanderstecken. Es scheint fast unglaublich, aber der schöne Baumwollbezug in Creme ist ein Abdecktuch für Möbel bei Malerarbeiten. Diese Tücher sind sehr preisgünstig im Malerfachhandel zu bekommen. Schlafen Sie gut!

SIE BRAUCHEN

Holzpaletten

mittleres und feines Sandpapier

helle Holzbeize

Pinsel

2 m schwarze Kordel

Schere

Nadel

Faden

Abdecktücher

2 schwarze Bommel

quadratisches, cremefarbenes Kissen

eins *Schmirgeln Sie die Holzpaletten ab, zuerst mit mittlerem, dann mit feinem Sandpapier. Tragen Sie eine Schicht helle Holzbeize auf. Legen Sie die Paletten für das Bettgerüst auf den Boden.*

zwei *Schneiden Sie einige Stücke Kordel zu je 30 cm ab. Legen Sie eine Schlaufe und knoten Sie die Enden zusammen (siehe Bild).*

drei *Nähen Sie die Schlaufen an das Abdecktuch. Formen Sie zwei Längsreihen zu je drei Schlaufen. Beziehen Sie die Futon-Matratze mit dem Tuch. Nähen Sie zwei Bommel an das quadratische Kissen und legen Sie es auf die Matratze. Stecken Sie das Tuch rings um die Matratze fest.*

KALLIGRAPHIE

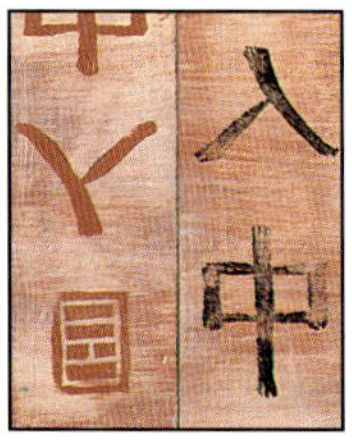

MANCHMAL SIEHT EIN ZIMMER mit einer ohnehin schon extravaganten Einrichtung noch besser aus, wenn man diese durch ein ungewöhnliches Design auf dem Boden oder an den Wänden noch mehr betont. In unserem Vorschlag haben wir japanische Schriftzeichen im Stempelverfahren verwendet.

SIE BRAUCHEN

Kalligraphiepinsel
schwarze Tinte
weißes Papier
Schere
Papierkleber
harter Schaumstoffblock
Teppichmesser
Hammer
Klebeband
Emulsionsfarbe: cremefarben, rostbraun, weiß
große und kleine Farbroller
trockener Pinsel
Tinte: schwarz und rostbraun
Mattlack

eins *Zeichnen Sie zuerst japanische Schriftzeichen, z.B. die in unserem Vorschlag, auf Papier. Fotokopieren Sie jedes Zeichen. Schneiden Sie die Zeichen grob aus und kleben Sie jedes Zeichen auf ein Stück Schaumstoff. Schneiden Sie nun mit dem Teppichmesser das weiße Papier weg, so daß das schwarze Schriftzeichen zum Stempeln erhöht ist.*

zwei *Achten Sie darauf, daß der Fußboden sauber, eben und trocken ist. Kleben Sie die Paneelbahnen ab. Tragen Sie eine Schicht Cremefarbe auf und lassen Sie das Holz trocknen.*

drei *Ziehen Sie mit einem trockenen Pinsel, den Sie kurz in Rostfarbe getaucht haben, im Querstrich über die Paneele. Die Grundfarbe sollte durchschimmern. Wiederholen Sie den Vorgang mit weißer Farbe, das macht die Farben weicher. Behandeln Sie auf diese Art den ganzen Fußboden Bodenbrett für Bodenbrett.*

vier *Legen Sie das Muster probeweise auf dem Boden aus. Verwenden Sie dazu Fotokopien. Streichen Sie mit einem kleinen Farbroller schwarze Tinte auf die Unterseite einiger Stempel. Stempeln Sie die schwarzen Zeichen auf den Boden.*

fünf *Wiederholen Sie den Vorgang mit den rostbraunen Zeichen. Versiegeln Sie den Boden mit Mattlack.*

CHINESISCHER LAMPION

DIESER LAMPION AUS WELLPAPPE sieht tagsüber sehr natürlich aus, und wirkt abends fast wie ein beleuchtetes Mini-Hochaus. Die Wellpappe kann man vielen Farben, von ungefärbten Erdtönen bis zu fluoreszierenden Neonfarben erstehen, die Bambusstäbe können Sie bemalen. Sie können den Lampion über eine kleine Tischlampe oder auch über eine Kerze, die aber sicher in einem Halter stehen sollte, stülpen.

SIE BRAUCHEN

Metallineal, etwa 3 cm breit
Bleistift
Wellpappe 35 x 25 cm
Schneideunterlage
Skalpell
Schmierpapier
goldene Sprühfarbe
Bambusstäbe

eins *Verwenden Sie das Lineal als Abstandsmesser. Ziehen Sie vertikale Linien in 3 cm Abstand mit Bleistift auf der Rückseite der Pappe. Ritzen Sie nun mit dem Skalpell horizontale Schlitze ebenfalls in 3 cm Abstand in jeden zweiten Balken.*

zwei *Ritzen Sie um 1,5 cm versetzte horizontale Schlitze durch die übrigen Balken. Sie erhalten so ein Ziegelmuster aus Bleistiftlinien und Schlitzen. Fahren Sie fort, bis die ganze Pappe mit dem Ziegelmuster bedeckt ist.*

drei *Legen Sie Schmierpapier auf Ihre Arbeitsfläche und besprühen Sie die glatte Seite der Pappe mit Goldfarbe. Ziehen Sie die Bambusstäbe auf der gewellten Seite abwechselnd durch die Schlitze. Lassen Sie die Stäbe auf einer Seite etwa 2,5 cm für sicheren Stand des Lampions überstehen. Schneiden Sie einen Randbalken auf etwa 1 cm, damit die Naht nicht zu dick wird. Stecken Sie die Enden ineinander und ziehen Sie einen Bambusstab durch die doppelte Lage. Die Goldseite ist innen.*

Himmelbett

Dieser Baldachin und der Vorhang aus weißer Baumwolle verwandelt Ihr Schlafzimmer in ein königliches Gemach. Besonders in der zweiten Hälfte des neunzehnten Jahrhunderts waren diese Baldachine sehr beliebt, als man die massiven Himmelbetten mit vier Bettpfosten nicht mehr als praktisch empfand. Hierbei wird ein Baldachin an die Wand geschraubt, und der Vorhang bedeckt etwa ein Drittel des Bettes. Der Baldachin in unserem Vorschlag wird aus einem Bilderrahmen gemacht, der mit einer Leiste an die Wand geschraubt wird. Die Figuren sind aus Gips und in den meisten Baumärkten erhältlich. Verwenden Sie einen dünnen, weißen Baumwollstoff für den Vorhang.

SIE BRAUCHEN

Gipsabdruck (Kopf)
Papier zum Unterlegen
Schellack zum Bemalen
Pinsel
goldene Sprühfarbe
schwarze Emulsionsfarbe
Lappen
Drahtwolle
2 kleinere verschnörkelte Gipsdekorationen
1 große verschnörkelte Gipsdekoration
Bilderrahmen-Aufsatz, verschnörkelt, 155 cm^2
Holzbeize (nach Wunsch)
5 x 2,5 x 115 cm Holzleiste
155 cm Türrahmen-Aufsatz
Säge
Gehrungsblock
Klebepistole und Kleber
Holzstab 1 cm Durchmesser, 10 cm lang
Vorhangringe mit Clips
Heftmaschine oder Ösen
mindestens 10 m weißer Stoff
Schere
Bohrmaschine
Wandhaken
Schraubenzieher und lange Schrauben

eins *Legen Sie den Gipsabdruck auf Papier oder Pappe. Versiegeln Sie die Oberfläche mit Schellack. Lassen Sie die erste Schicht ca. 20 Minuten trocknen, dann tragen Sie eine weitere Lackschicht auf, die Sie ebenfalls trocknen lassen.*

zwei *Besprühen Sie den Kopf mit Goldfarbe, die Sie trocknen lassen. Dann überstreichen Sie das Gold vollständig mit schwarzer Farbe.*

drei *Bevor die schwarze Farbe ganz trocken ist, wischen Sie das meiste davon mit einem feuchten Tuch wieder ab. Das Gold wirkt so gedämpfter.*

vier *Schmirgeln Sie die Wangenknochen, Nase und Brauen mit Drahtwolle glänzend. Verfahren Sie ebenso (Schritt eins bis vier) mit den Gipsdekorationen und dem Bilderrahmen. Sie können diese auch mit Holzbeize färben. Sägen Sie die Holzleiste in ein Stück zu 75 cm und eines zu 40 cm. Sägen Sie den Türrahmen und den Bilderrahmen ebenfalls in je ein Stück zu 75 cm und eines zu 40 cm.*

fünf *Sägen Sie die Ecken der Tür- und Bilderrahmenstücke, die bei der Wandkonstruktion (siehe nächste Seite) aufeinandertreffen, auf einem Gehrungsblock schräg an. Das sind beide Enden der langen Stücke und jeweils eines der kurzen.*

sechs *Kleben Sie die Türrahmenstücke an den Kanten aneinander und formen Sie so die Wandkonstruktion. Die lange Holzleiste bildet dabei die Rückseite, die später an die Wand geschraubt wird. Bringen Sie die Bilderrahmenstücke auf den drei sichtbaren Seiten des Kastens an. Kleben Sie das kurze Stück Leiste zur Stabilisierung in die Mitte der Konstruktion (siehe Bild neun).*

sieben *Schneiden Sie den Holzstab in zwei Stücke zu je 5 cm . Kleben Sie je ein Stück in die vorderen Ecken des Baldachins. Dadurch werden die Dekorationen in Schritt acht fixiert.*

WEITER ➤

acht *Tragen Sie heißen Kleber auf die Holzstäbe auf und kleben Sie die seitlichen Gipsdekorationen auf.*

neun *Befestigen Sie die Vorhangringe mit den Clips an der Innenseite des Rahmens (mit der Heftmaschine und starken Heftklammern oder mit Ösen).*

zehn *Halbieren Sie den Stoff längs. Bevor Sie den Rahmen aufhängen, probieren Sie an einer Seite, wie der Stoff fällt, vor allem, ob Sie mit dem Faltenwurf zwischen den Ringen zufrieden sind. Später können Sie dann den Vorhang mit einem Mal anbringen. Nehmen Sie den Stoff wieder ab. Befestigen Sie den Baldachin mit geeigneten Schrauben und Dübeln an der Wand. Hängen Sie den Gipsabdruck an die Wand darunter und bringen Sie die Vorhänge an den Clips an.*

VERGOLDETER STUHL

VIELE WUNDERSCHÖNE HOLZSTÜHLE, vor allem sogenannte Wiener Stühle, landen auf dem Dachboden oder im Keller, weil die geflochtene Sitzfläche beschädigt ist. Diese Stühle bei einem Fachmann restaurieren zu lassen, ist kostspieliger, als sich einen neuen Stuhl zu kaufen. Dabei kann ein alter Stuhl mit wenig Aufwand zum Blickfang des Zimmers werden. Er bekommt einfach eine solide Sitzfläche und wird vergoldet.

SIE BRAUCHEN

Holzstuhl
Teppichmesser
kleiner Schraubenzieher
4 Holzblöcke
Bleistift
Säge
Bohrmaschine
8 Holzschrauben
Schraubenzieher
Blatt Papier
Schere
Sperrholz
Klebeband
Dekupiersäge (nach Wunsch)
mittleres Schmirgelpapier
Leim
Pinsel
Blattgold oder Goldfolie zum Abziehen (ca. 50 Blättchen)
sauberer, trockener Pinsel
sauberer, trockener Lappen
Lack zum Versiegeln

eins *Entfernen Sie die beschädigte Sitzfläche mit einem Teppichmesser und einem kleinen Schraubenzieher. Halten Sie die vier Holzklötze in die Stuhlecken und markieren Sie die Rundung der Sitzfläche. Sägen Sie die Klötze in die richtige Form. Schrauben Sie die Holzklötze dann in den Stuhlecken an. Die neue Sitzfläche hat so genug Halt. Legen Sie das Papier auf den Sitz und zeichnen Sie die Form nach.*

zwei *Schneiden Sie die Schablone aus. Kleben Sie die Papierschablone auf das Sperrholz und zeichnen Sie die Sitzform nach.*

drei *Sägen Sie die Sitzform aus. Sie können auch einen Tischler oder Holzhändler damit beauftragen. Schmirgeln Sie die Kanten der Sitzfläche ab und passen Sie ihn ein. Rauhen Sie die Oberfläche des Stuhls mit Sandpapier etwas auf, dann nimmt das Holz den Leim besser auf.*

vier *Streichen Sie den Stuhl mit Leim ein und lassen Sie ihn trocknen. Folgen Sie den Anweisungen des Herstellers. Bekleben Sie nun den Stuhl mit Blattgold oder den Goldfolienblättchen. Wenn Sie Blattgold verwenden, reiben Sie es mit einem sauberen, trockenen Pinsel auf das Holz. Ihre Hände müssen immer sauber und trocken sein.*

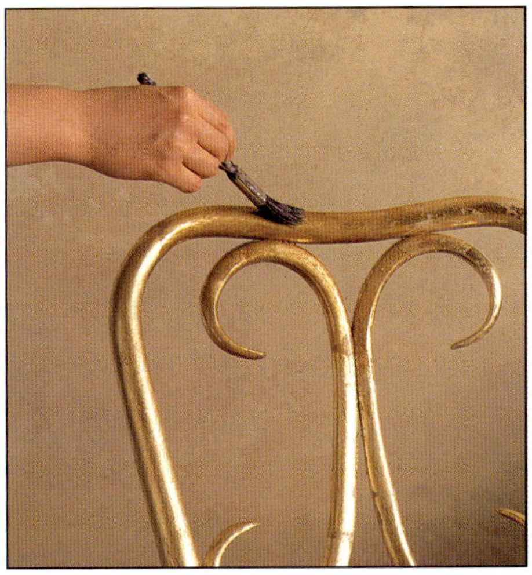

fünf *Wischen Sie mit einem sauberen, trockenen Tuch lose Goldteilchen ab. Versiegeln Sie zum Schutz des Goldes den Stuhl mit Lack.*

Schwedischer Stuhl

Antike schwedische Stühle verleihen einer Schlafzimmereinrichtung Leichtigkeit und Eleganz. Leider sind sie teuer, weil es nur wenige Exemplare außerhalb Schwedens gibt. Machen Sie doch einfach Ihren eigenen Stuhl, indem Sie einen Holzstuhl in klassischer Form neu bemalen. Der Stuhl sollte eine gepolsterte Sitzfläche haben, und auf der Rückenlehne sollte man Motive aufmalen können. Die traditionellen Farben sind grau, dunkelbau, aquamarinblau, honiggelb, rot und weiß.

Sie brauchen

klassischer Holzstuhl
mittleres und feines Schmirgelpapier
Emulsionsfarbe: weiß, blau und schwarz
Küchenpinsel
feine und mittlere Pinsel
Motiv für das Monogramm
Pauspapier
weiche und harte Bleistifte
Klebeband
Klarlack zum Versiegeln
alte Schrifttypen (z.B. aus einem Kalligraphie-Buch)
großes Blatt Papier
Schere
1 m x 135 cm weißer Baumwollstoff (oder zweifache Breite des Sitzpolsters)
wasserfeste Stifte (für den Stoff)
Heftmaschine
Nadel
passender Faden
Sprühfarbe: gold und silber

eins *Rauhen Sie das Holz des Stuhls mit dem mittleren Schmirgelpapier leicht auf. Grundieren Sie den Stuhl in Weiß. Mischen Sie eine blaugraue Farbe und ziehen Sie mit dem feinen Pinsel vorsichtig eine Linie um die Ränder der Rückenlehne, des Sitzes und der Stuhlbeine. Zeichnen Sie das Monogramm auf das Pauspapier. Füllen Sie die Umrisse der Lehne mit einem weichen Bleistift auf der Rückseite des Pauspapiers aus. Drehen Sie das Papier wieder um und kleben Sie es auf die Lehne. Pausen Sie mit einem harten Bleistift das Monogramm auf die Lehne durch.*

zwei *Malen Sie das Monogramm in Blaugrau mit dem mittleren Pinsel auf die Lehne. Versuchen Sie, sich möglichst an Ihre Vorlage zu halten.*

drei *Lassen Sie die Farbe trocknen. Versiegeln Sie das Holz mit Klarlack. Schneiden Sie ein Stück Papier in der ungefähren Größe des Sitzpolsters. Das gibt Ihnen ein Gefühl für die Größe der Buchstaben. Fotokopieren Sie die Schriftzeichen in die richtige Größe.*

vier *Schneiden Sie die Schriftzeichen aus und kleben Sie sie auf das Papier. Halten Sie das Papier gegen ein Fenster, durch das viel Licht einfällt, und legen Sie den Stoff darauf. Kleben Sie beides mit Klebeband am Glas fest. Zeichnen Sie nun mit dem wasserfesten Stift die Schriftzeichen auf den Stoff. Beziehen Sie das Sitzkissen mit dem Stoff, indem Sie ihn an den Seiten mit Heftklammern befestigen. Mit einem zweiten Stück Stoff bedecken Sie die Unterseite des Polsters. Nähen Sie es an.*

fünf *Besprühen Sie das Sitzpolster leicht mit Goldspray, danach mit Silberspray. Legen Sie das Polster wieder auf den Stuhl. Reiben Sie den Stuhl vorsichtig mit feinem Schmirgelpapier ab, dann wirkt er antiker.*

BEDRUCKTE STOFFE

WEISSES LEINEN, ZARTE SCHLEIER und Seidenpapier mit Goldbuchstaben und Ihren Initialen bedruckt geben dem Schlafzimmer einen sehr eleganten, klassischen Look. Diese Materialien haben eine beeindruckende optische Wirkung, dabei sind sie eigentlich ganz einfach herzustellen. Sie brauchen nur etwas Zeit dafür. Verwenden Sie Schriftzeichen nach Wahl, z.B. aus Kalligraphiebüchern oder von Notenblättern.

SIE BRAUCHEN

Schriftzeichen (z.B. aus einem Kalligraphie-Buch)
Schleierstoff für den Vorhang
Klebeband
goldene Stoffarbe
feine Pinsel
Bügeleisen
Seidenpapier
goldene Acrylfarbe
Organzaband
Leinentuch
Kohlepapier oder weicher Bleistift (auf Wunsch)
harter Bleistift (auf Wunsch)

eins *Suchen Sie verschiedene Schriftzeichen aus. Fotokopieren Sie die Schriftzeichen auf die gewünschte Größe. Experimentieren Sie mit den Kopien, stellen Sie z.B. unterschiedliche Schriften nebeneinander. Legen Sie die Fotokopien probeweise in einem sich wiederholenden Muster auf den Vorhangstoff. Das Muster sollte von oben nach unten verlaufen.*

zwei *Kleben Sie die Fotokopien mit Klebeband auf einen flachen Tisch oder eine Arbeitsplatte. Kleben Sie den Stoff darüber, so daß die Schriftzeichen durchscheinen. Zeichnen Sie nun die Buchstaben mit goldener Stoffarbe und einem feinen Pinsel auf den Stoff. Bügeln Sie den Vorhang.*

drei *Um verziertes Geschenkpapier herzustellen, malen Sie mit der goldenen Acrylfarbe Schriftzeichen auf Seidenpapier. Ergänzen Sie die edle Verpackung mit einer Schleife aus weißem oder goldgerändertem Organza-Band.*

vier *Für das Leinentuch mit Ihren Initialen verwenden Sie Papierschablonen. Verfahren Sie wie beim Vorhang in Schritt zwei. Kleben Sie Papier und Tuch auf einen Tisch und malen Sie die Buchstaben mit goldener Stoffarbe durch.*

fünf *Wenn Sie einen Stuhl oder ein anderes Möbelstück mit Ihren Initalen versehen möchten, legen Sie Kohlepapier auf die Fotokopie und zeichnen Sie die Initialen durch. Dann übertragen Sie die Umrisse mit einem harten Bleistift auf das Möbelstück und malen die Initialen in der gewünschten Farbe.*

SARI-VORHÄNGE

DIESE FENSTERNISCHE wurde mit einem Arrangement seidiger, bunter Sari-Stoffe in ein Bild aus einem indischen Märchen verwandelt. Das Sonnenlicht verstärkt die ohnehin schon kräftigen Farben und die Goldstickereien. Der Lampion verbreitet einen Hauch von Magie. Wenn Sie noch nie in einem asiatischen Bekleidungsgeschäft waren, werden Sie sicherlich gleich von der großen Vielfalt der indischen Stoffe begeistert sein.

SIE BRAUCHEN

7 Bahnen roter und gelber Sari-Stoff

Zierbänder, 7 m lang und in Stoffbreite für den Saum

Saumfixierer

Bügeleisen

Nadel

passender Faden

Vorhangleiste aus Holz

Bohrmaschine

Haken und Dübel

Vorhangstange aus Gußeisen

eins *Wenn die Saris nicht schon Saumbänder haben, bügeln Sie das Zierband mit dem Saumfixierer auf. Schneiden Sie das restliche Zierband in Stücke zu 14 cm, je sieben als Vorhangschlaufen pro Sari. Nähen Sie die Schlaufen an die Saribahnen an. Ziehen Sie die Holzleiste durch die Schlaufen dreier Saris und bringen Sie die Leiste in der Nische an. Ziehen Sie die Schlaufen der restlichen Saris abwechselnd durch die Eisenstange, so daß je ein Sari der gleichen Farbe vorne hängt.*

zwei *Bringen Sie die Stange an. Halten Sie einen roten und einen gelben Sari etwa in der Mitte der Bahn fest.*

drei *Machen Sie einen losen Knoten aus den beiden Bahnen. Arrangieren Sie den Stoff, so daß er in losen Falten auf den Boden fällt.*

INDISCHES KOPFTEIL

DIE WANDMALEREIEN IN EINEM INDISCHEN TEMPEL waren die Inspiration für dieses Kopfteil für ein Bett. Das Schlafzimmer wirkt wie ein Bild aus einem indischen Märchen, und das alles, weil die Wände dementsprechend gestrichen werden. Sie sollten das Zimmer zunächst in der rostroten Grundfarbe streichen. Pulverförmige Wandfarbe ist am besten geeignet, Emulsionsfarbe sollten Sie mit Wasser verdünnen.

SIE BRAUCHEN

große Rolle Packpapier
Bunstift
Klebeband (nach Wunsch)
Schere
Sprühkleber
Kreide
Emulsionsfarben: dunkleblau, hellblau, rot
Teller
Küchenschwamm
Emulsionsfarbe: helles Beige
mittlere und feine Pinsel
feines Schmirgelpapier

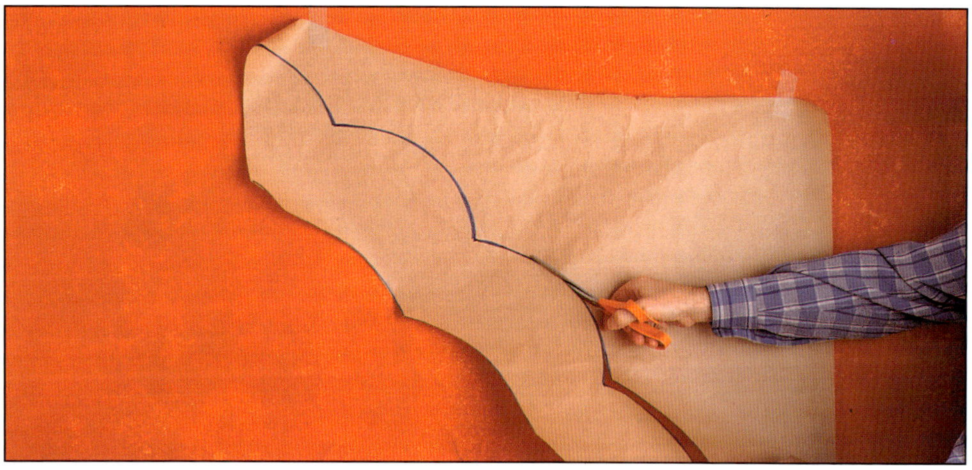

eins *Das Diagramm rechts zeigt das Wellenmuster des Bogens. Zeichnen Sie einen Halbbogen auf braunes Packpapier. Sie können das Design zum Vergrößern auf ein Schachbrettmuster übertragen, oder Sie kleben das Packpaier an die Wand und malen den Halbbogen direkt darauf. Schneiden Sie den Halbbogen aus.*

zwei *Kleben Sie den ausgeschnittenen Halbbogen mit Sprühkleber an die richtige Stelle an der Wand. Zeichnen Sie die Umrisse mit Kreide auf die Wand.*

drei *Drehen Sie die Schablone um. Das ergibt die zweite Hälfte des Bogens. Geben Sie dunkelblaue Farbe auf einen Teller und füllen sie die Innenfläche des Bogens aus, indem Sie die Farbe mit einem Küchenschwamm darauf verteilen. Man sollte den rostroten Hintergrund durchschimmern sehen. Wenn die Farbe trocken ist, tragen Sie die hellblaue Farbe ebenfalls mit der Schwammtechnik darüber auf.*

vier *Wenn die Farbe trocken ist, streichen Sie den Bogenrand mit einem mittleren Pinsel in Beige. Nach dem Trocknen schmirgeln Sie vorsichtig mit Sandpapier darüber, das ergibt den antiken Effekt. Mit einem feinen Pinsel malen Sie die Ränder des Bogens rot an. Stützen Sie dabei Ihre Malhand mit der anderen Hand ab und versuchen Sie, in einem Zug zu malen. Umfassen Sie den roten Rand mit einer dünnen, dunkelblauen Linie.*

fünf *Lassen Sie das Bild trocknen. Schmirgeln Sie den ganzen Bogen sehr vorsichtig mit feinem Schmirgelpapier ab, dann wirkt er antik.*

SARI-BETT

DIE VORHÄNGE DIESES BETTES mit seinen vier hohen Pfosten werden aus wunderschönem Saristoff gefertigt, dem traditionellen, indischem Stoff. Egal, ob man Saris zusammenbindet, faltet oder feststeckt, sie wirken immer zart und luftig. Die meisten Saris haben bereits bunte Saumbänder, sind aber ansonsten unifarben. In unserem Vorschlag haben wir Organza-Saris verwendet, die drei Seiten des Bettes umgeben.

SIE BRAUCHEN

8 Bahnen Saristoff
Stecknadeln
Nähnadel
passender Faden
15 m Saumband oder Borte
Schere
Maßband
Klebepads (nach Wunsch)
1 x 1 m Seidenstoff
Bommel für quadratisches Kissen (nach Wunsch)

eins *Nähen Sie ein Saumband oder eine Borte an das obere Ende jeder Saribahn. Schneiden Sie sechs Stücke Band zu je 30 cm pro Bahn für die Schlaufen ab. Nähen Sie ein Ende der Bänder im Abstand von 30 cm an dem Saumband so fest, daß man die Naht von vorne möglichst nicht sieht. Das andere Ende bleibt lose.*

zwei *Hängen Sie die Saris an drei der Bettstangen. Nähen Sie das lose Ende der Schlaufen nun fest. Sie können auch Klebepads dazu verwenden.*

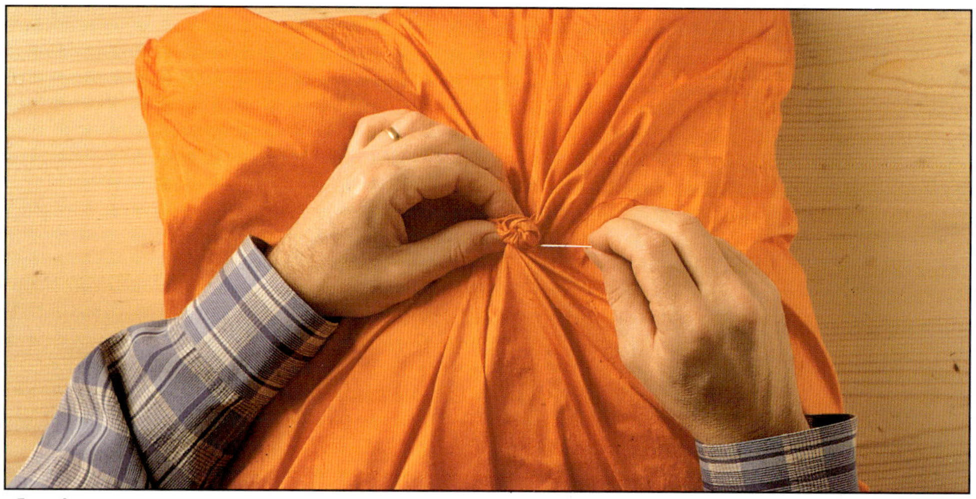

drei *Legen Sie ein quadratisches Kissen auf ein Stück Saristoff. Falten Sie erst zwei Seiten Stoff locker darüber, dann die beiden anderen. Nähen Sie den Stoff zusammen, aber achten Sie darauf, daß er locker bleibt. Drehen Sie das Kissen um. Zwirbeln Sie etwas Stoff in der Mitte des Kissens zu einem Knoten zusammen, den Sie festnähen. Dekorieren Sie das Kissen mit Bommeln in der Stofffarbe.*

ZIERBORTE AUS PISTAZIEN

In Indien ist es üblich, Fußböden oder Wände mit allen erdenklichen, natürlichen Materialien zu dekorieren. In Tempeln oder Schreinen findet man Fußböden aus Pflanzensamen, Muscheln oder Kieselsteinen. Diese Zierleiste sollte nicht auf viel begangenen Stellen angebracht werden. Suchen Sie sich einen sicheren Platz für die Dekoration aus. Für eine Eckborte von etwa 1,2 m x 1,2 m benötigen Sie ca. 3 kg ungeschälte Pistazien.

SIE BRAUCHEN

Emulsionsfarbe: creme
Farbroller
Farbmischpalette
Lineal
Bleistift
Klebeband
Acryl- (od. Eier-)farbe: blau
Pinsel
Bodenkleber
Pistazienschalen
Naturschwamm
Emulsions- (od. Eier-)farbe: pfirsich, creme und blaßblau

eins *Der Boden muß stabil, sauber und eben sein. Bringen Sie evtl. Holzfaserplatten als Untergrund an. Grundieren Sie den Boden mit cremefarbener Emulsionsfarbe. Zeichnen Sie die geraden Linien der Borte, die Sie mit Klebeband eingrenzen. Zeichnen Sie die Kurven und Schnörkel auf den Boden, entweder freihändig oder mit einer Schablone. Malen Sie die Linien mit Blau aus.*

zwei *Tragen Sie eine dicke Schicht Bodenkleber auf ein kleines blaues Stück auf. Setzen Sie die Schalen (evtl. vorsortieren!) darauf. Beginnen Sie mit den dünnen Stellen.*

drei *Wenn der Kleber trocken ist, malen Sie die Schalen blau an. Mit der Schammtechnik verteilen Sie unregelmäßig Ihre Grundfarbe (hier: creme) auf dem übrigen Fußboden.*

vier *Die Farbe muß völlig getrocknet sein, dann bringen Sie hellere Farben ebenfalls mit der Schwammtechnik auf. In unserem Beispiel haben wir pfirsichfarben auf cremefarbener Grundierung verwendet. Lassen Sie den Boden nach jeder Farbschicht trocknen. Wir haben zuletzt blaßblaue Farbe aufgetragen.*

fünf *Versiegeln Sie den Boden mit Lack, der besonders auf den Schalen dick aufgetragen werden sollte. Lassen Sie den Lack völlig erhärten.*

FILIGRANES WANDGITTER

GEWÖHNLICHE HEIZKÖRPERABDECKUNGEN werden hier ein wenig zweckentfremdet. Als dekorative Wandgitter sind sie ein absoluter Blickfang. Es gibt sie in großer Vielfalt, so daß Sie vielleicht eine ganze Wand damit bedecken möchten. Sie können auch eine Zierleiste in Tischhöhe an die Wand schrauben und verkleiden dann den unteren Teil der Wand mit dem Gitter. Hier ist Ihre Phantasie gefragt.

SIE BRAUCHEN

Schmierpapier
Bleistift
Lineal
Heizkörperabdeckung
Markierstift in anderer Farbe als das Gitter
Säge
Emulsionsfarbe in 2 Farben
Pinsel und Farbroller
Farbmischpalette
Wasserwaage
Richtscheit
Bohrmaschine
Hammer
Dübel
Holzschrauben
Klebepistole und Kleber

eins *Zeichnen Sie das Design zunächst auf Schmierpapier, inklusive der dreieckigen Zinnen. Markieren Sie auf einer Heizkörperabdeckung die Zierborte (d.h. nur die Zinnen), die Sie dann aussägen. Wählen Sie die Farbe für das Gitter.*

zwei *Streichen Sie die Wand und lassen Sie die Farbe trocknen, während Sie das Gitter streichen. Mit Wasserwaage und Richtscheit markieren Sie eine horizontale Linie an der Wand.*

drei *Bohren Sie Löcher an geeigneten Stellen in die Wand und stecken Sie Dübel hinein. Bohren Sie an den entsprechenden Stellen Löcher in das Gitter und schrauben Sie es an die Wand. Bringen Sie ab und zu etwas Kleber zwischen Gitter und Wand auf, damit die Abdeckung flach aufliegt. Bringen Sie die Zierborte mit den Zinnen auf dieselbe Weise an. Eine Holzleiste dazwischen sieht gut dazu aus.*

GOLDENER FUSSBODEN

EXOTISCHE SOUVENIRS AUS FERNEN LÄNDERN kommen am besten in einer ebenfalls etwas exotischen Umgebung zur Geltung. Gold und Kupfer wirken opulent, und ein Muster gibt dem Boden einen Effekt. Breites Kreppklebeband ist der Trick. Es wirkt fast wie gehämmertes Metall, wenn es überstrichen wird. Auch bei dieser Idee steht der optische Effekt im Vordergrund, weniger die Haltbarkeit. Verwenden Sie ihn nicht als Nutzfußboden.

SIE BRAUCHEN

Maßband
Bleistift
Papier
Lineal
Schleifmaschine mit feinem Sandpapier
Kreppklebeband
Schere
Bodenkleber
goldene Ölfarbe
breiter Pinsel
Kupferfarbe in Pulverform
starker Bodenlack

zwei *Kleben Sie nun das Kreppband im gewünschten Muster auf den Boden. Tragen Sie vorher etwas Bodenkleber auf die geraden Linien auf. Fangen Sie auf der Längsseite an.*

drei *Es ist wichtig, daß die Überlappungen nicht zu sehr hervorstehen. Verteilen Sie hervorquellenden Kleber mit einem breiten Pinsel auf dem Boden. Verdünnen Sie den restlichen Kleber mit Wasser und verteilen Sie ihn auf dem gesamten Boden, auch über das Kreppband.*

vier *Streichen Sie den ganzen Boden mit Goldfarbe. Das Zimmer sollte wegen der Ölfarbe gut belüftet sein.*

fünf *Wenn die Farbe trocken ist, verteilen Sie das Kupferpulver mit einem Pinsel locker über Boden und Klebebändern. Versiegeln Sie den Boden mit mindestens zwei Schichten Bodenlack.*

Amerikanischer Traum

Haben Sie ein Faible für die USA? Dann ist diese Bettwäsche genau das Richtige für Sie. Sie können natürlich auch Flaggen anderer Länder verwenden. Die Knopfleiste in unserem Vorschlag ergänzt den typisch amerikanischen Eindruck. Man kann sie fertig kaufen und dann in den passenden Farben bemalen.

SIE BRAUCHEN

2 große Flaggen
großes Kopfkissen
Sicherheitsnadeln
Holzknöpfe
Nadel und Faden
Bettdecke

eins *Falten Sie eine Flagge um das große Kopfkissen und schließen Sie den Stoff auf der Rückseite mit Sicherheitsnadeln. Nähen Sie den Stoff richtig zusammen.*

zwei *Nähen Sie drei Holzknöpfe an eine der offenen Seiten. Lassen Sie die andere Seite offen, damit Sie den Bezug abnehmen und waschen können.*

drei *Suchen Sie passende Holzknöpfe für die Ränder und die Mitte der Bettdecke aus.*

vier *Legen Sie die zweite Flagge auf die Decke. Nähen Sie die Knöpfe an, stechen Sie dabei durch Flagge und Decke durch.*

MUSCHELVORHANG

DIE MUSCHELSAMMLUNG Ihres letzten Urlaubs läßt sich kreativ im Schlafzimmer verwenden. Dekorieren Sie doch einfach zarte, weiße Vorhänge damit. Wir haben hier auch eine Zierleiste an der Wand angebracht, die mit Muscheln besetzt ist, um das Muschel-Thema im Raum fortzusetzen. Streichen Sie normale Terrakotta-Blumentöpfe weiß und kleben Sie z.B. eine Muschelschale darauf.

SIE BRAUCHEN

Saumfixierer (nach Wunsch)
Maßband
Schere
dünner Baumwollstoff in gewünschter Länge und vierfacher Fensterbreite
Stecknadeln
Nadel und Heftfaden
Nähmaschine und -faden
Chromösen
Hammer
Holzklotz
dickere Paketschnur
Klebepistole und Kleber
Bohrmaschine (feiner Bohrer)
dünner Draht oder Nylonfaden
Terrakotta-Blumentopf
mattweiße Emulsionsfarbe
Pinsel
Muschelschale (o.ä.)

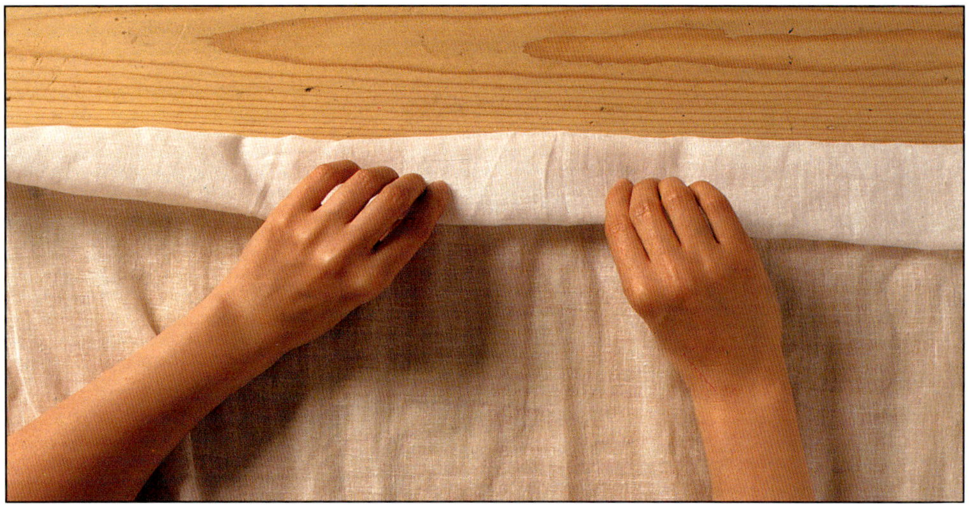

eins *Nähen Sie einen etwa 5 cm breiten Saum an das obere Ende der Vorhänge. Mit Saumfixierer geht das relativ leicht. Säumen Sie auch das untere Ende. Nähen Sie an den Seiten einen etwa 1 cm breiten Saum ab. Bügeln Sie den Stoff. Markieren Sie die Stellen für die Ösen mit Stecknadeln.*

zwei *Bringen Sie die Ösen nach Anweisung des Herstellers an. Schneiden Sie gleichlange Stücke Schnur in der Anzahl der Ösen ab*

drei *Ziehen Sie die Schnur durch die Ösen und verknoten Sie die Enden. Kleben Sie dünne Drahtstücke oder einen Nylonfaden auf die Unterseite der Muschelschalen, oder bohren Sie je nach Muschelform kleine Löcher durch die Schalen und ziehen den Draht durch. Legen Sie die Muscheln auf dem Vorhang aus.*

vier *Befestigen Sie nun die Schalen an den Vorhang. Versuchen Sie, den Draht oder die Nylonschnur möglichst an unsichtbaren Stellen durch den Stoff zu stechen. Verknoten Sie den Draht auf der Rückseite, damit die Muscheln nicht abfallen.*

fünf *Streichen Sie den Terrakottatopf weiß und kleben Sie eine besonders hübsche Muschelschale darauf.*

Traumhafte Tagesdecke

Eine einfacher Tagesdecke aus Leinen oder Juteleinen wird mit hauchzartem Schleierstoff bedeckt und wirkt wie maßgeschneidert und sehr elegant. Große Knöpfe und der rauhe Leinenstoff ergänzen den dünnen Schleier perfekt. Der Schleierstoff sollte länger als die Decke sein, dann fällt er in Falten auf den Boden. Wir haben hier die Stoffmenge für ein Bett von 140 cm Breite angegeben.

Sie brauchen

Maßband
etwa 7 m Baumwollschleier
Schere und Stecknadeln
Nadel
Heftfaden
Nähmaschine und passender Faden
Tagesdecke aus Leinen oder Jute
16 große Knöpfe (Knochen)
kleine Stickschere
Polsternadel
dünne Schnur
großes Kissen
Extra-Stück Leinen oder Jute (Kissen)

eins *Sie brauchen ein Stück Schleier in Bettlänge plus einmal die Betthöhe. Der Stoff sollte 15 cm schmaler als die Bettbreite sein, damit die Knöpfe nicht zu nah an der Kante sind. Geben Sie ringsherum 10 cm für den doppelten Saum zu. Für die Seitenteile brauche Sie zwei Stoffstücke in Bettlänge. Die Breite ist der Abstand von den Knöpfen bis zum Boden, geben Sie 10 cm für den Saum hinzu. Nähen Sie alle Säume des Schleierstoffes ab.*

zwei *Markieren Sie die exakten Stellen für die Knöpfe und Knopflöcher. Nähen Sie die Knopflöcher ab und schneiden Sie den Stoff an der Stelle auf. Mit einer Polsternadel und feiner Schnur lassen sich die Knöpfe am einfachsten festnähen. Knöpfen Sie die Tagesdecke zusammen.*

drei *Für den Kissenbezug brauchen Sie ein Stück Leinen oder Jute in Kissenbreite und zweifacher Kissenlänge plus Saum. Nähen Sie den Kissenbezug auf der Rückseite an den Rändern zusammen, wenden Sie den Stoff und bügeln Sie den Bezug.*

vier *Für einen fransigen Rand des Kissens ziehen Sie einen Faden des Leinen- oder Jutestoffes vorsichtig heraus. Machen Sie einen Schleierbezug für das Kissen auf die gleiche Weise. Säumen Sie alle Ränder großzügig.*

fünf *Markieren Sie die exakte Position der Knopflöcher in jeder Ecke. Nähen Sie die Löcher ab und schneiden Sie den Stoff ein. Nähen Sie die Knöpfe an den Leinen- oder Jutebezug und knöpfen Sie den Schleierbezug darauf fest.*

ZELTBETT

WENN SIE IN DIESEM BETT AUFWACHEN, ist es fast wie im Campingurlaub. Sie blicken in einen Zelthimmel. Als Kopfteil für ein Kinderzimmer ist das Zelt auch gut geeignet. Bei dieser Konstruktion werden verschiedene Materialien zweckentfremdet: Die Chromstangen sind eigentlich Duschvorhangstangen, an deren Enden Rohrendstücke aus dem Klempnerbedarf gesteckt werden. Das ganz dünne Kupferrohr wird normalerweise ebenfalls von Klempnern verwendet. Das Zelt wird durch die normalen Endstücke für Duschstangen an der Wand befestigt. Haken an der Decke geben ihm zusätzliche Stabilität.

SIE BRAUCHEN

8 x 1 m ungebleichter Baumwollstoff

Maßband

Bleistift und Lineal

Schere

6 m Saumband zum Aufbügeln

Bügeleisen

Säge

150 cm lange Duschvorhangstange aus Chrom

Stanzwerkzeug

Hammer

Bohrmaschine

1 m dünnes Kupferrohr

Zange

3 Endstücke für Duschstangen

Wasserwaage

Schraubenzieher

6 Chromhaken und Dübel

4 m weiße Schnur

3 Kupferkappen (für die Duschstangen)

eins *Reißen Sie den Stoff in die richtige Länge. Falten Sie die Stoffbahn in vier Teile, um die Mitte zu finden. Markieren Sie die Stelle auf dem Stoff. Messen Sie von dieser Stelle je 35 cm an den kurzen Kanten ab und markieren Sie die Punkte.*

zwei *Zeichnen Sie eine Linie zwischen dem Mittelpunkt und den beiden Punkten, das ergibt die Dachform.*

drei *Schneiden Sie entlang dieser Linie. Klappen Sie den Stoff oben und an den Seiten zu einem etwa 3 cm dicken Saum um. Bei dem Dreieck müssen Sie den Stoff an der Spitze etwa 3 cm einschneiden, sonst können Sie ihn nicht umklappen.*

vier *Bügeln Sie das Saumband auf den Stoff. Machen Sie drei Löcher an den Stellen, wo die Duschstangen durchstoßen (siehe nächste Seite). Verstärken Sie den Stoff an diesen Stellen mit einem zusätzlichen Stoffquadrat, das sie mit Saumband aufbügeln. Die Stoffbahn für die Seitenteile des Zeltes wird doppelt gelegt.*

fünf *Sägen Sie die Duschvorhangstange in 3 Stücke zu je 50 cm.*

sechs *Stanzen Sie Löcher in den Stangen an den entsprechenden Stellen vor, damit der Bohrer nicht abrutscht. Die Löcher sind bei zwei der Stangen 5 cm von einem Ende (1 Loch pro Stange), bei der dritten Stange ist das erste Loch 5 cm vom Ende, das zweite 1 cm vom ersten Loch zur Stangenmitte hin (2 Löcher auf derselben Seite).*

sieben *Bohren Sie nun die Löcher in der Dicke der Kupferrohre in die Stangen. Schneiden Sie das Kupferrohr in zwei Hälften. Biegen Sie je ein Ende mit der Zange zu einem Haken. Die Kupferrohre werden in die Duschstangen eingehängt, der Haken sollte also um die Stangen passen.*

acht *Schrauben Sie die Endstücke für die Duschstangen an den entsprechenden Stellen in die Wand. Achten Sie darauf, daß die beiden äußeren in gerader Linie zueinander sind. Prüfen Sie das mit einer Wasserwaage.*

WEITER ➤

Oben: Die eingehakten Kupferstangen werden am anderen Enden in die Duschstangen gesteckt. Die Schnur wird um die Duschstangen gekreuzt und mit Haken an der Decke befestigt. Die Kpuferkappen werden auf die Stangen gesteckt. Die Schnüre tragen dabei das Gewicht der Kupferkappen.

neun *Stecken Sie die Duschstangen durch die vorbereiteten Löcher in der Rückwand des Zeltes und die Endstücke in der Wand. Stecken Sie die geraden Enden der Kupferrohre in die Löcher der seitlichen Duschstangen. Die gebogenen Enden wickeln Sie um die mittlere Duschstange und in die Löcher der Stange. Bringen Sie Haken an der Zimmerdecke direkt über der Vorderseite des Zelts an. Wickeln Sie weiße Schnur um die vorderen Enden der Stangen und hängen Sie die Schnur an die Deckenhaken. Stecken Sie die Kupferkappen auf die Stangen. Legen Sie die Stoffbahn über die Konstruktion.*

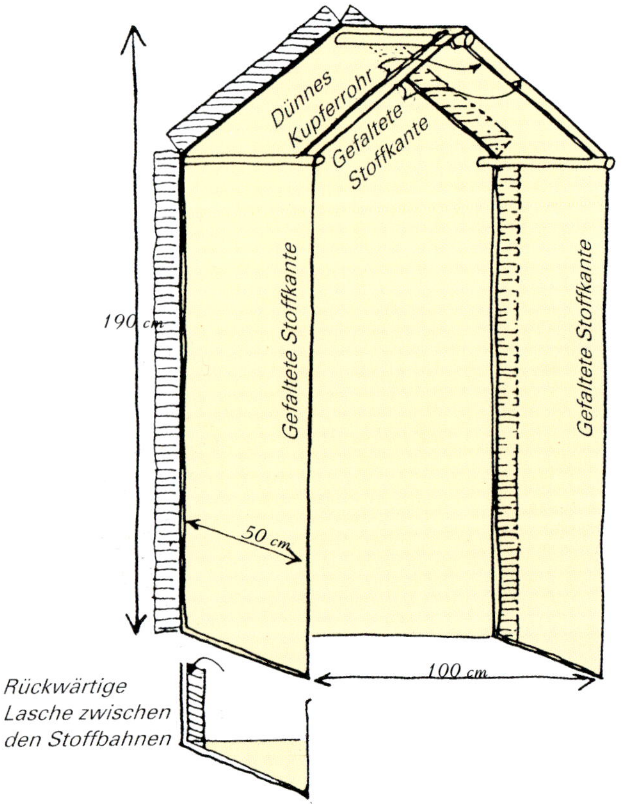

STRANDATMOSPHÄRE

Im Urlaub findet man oft bei Strandspaziergängen die interessantesten Gegenstände: Treibholz, Algen, Seetang, Steine in ungewöhnlichen Formen, Vogelfedern, Muschelschalen aller Art und ähnliches. Die Steine haben manchmal schon Löcher, durch die man einen Faden ziehen kann. Machen Sie das meiste aus Ihren Urlaubsschätzen und dekorieren Sie Spiegel, Bilderrahmen, Kästchen oder andere, bisher schmucklose Gegenstände. Aus Muschelschalen kann man auch schöne Kerzenhalter machen.

SIE BRAUCHEN

BILDERRAHMEN AUS TREIBHOLZ UND STEINEN

Holzbilderrahmen

Leim (nach Wunsch)

mittleres Schmirgelpapier

Holzbeize und Pinsel (nach Wunsch)

etwa 50 cm Seil

Heftmaschine oder Hammer und Reißzwecken

Treibholz

Klebepistole und Kleber

Seetang

schöne Steine oder Kiesel

Muchelschalen

KIESELSTEINKETTE

Bast

kleine Kiesel

buntes Glas

Klebepistole und Kleber

MUSCHEL-KERZENHALTER

Kerzenstümpfe

Küchenmesser

Muschelschalen

Streichhölzer

eins *Schmirgeln Sie das Holz etwas ab und verleimen Sie die Übergänge neu (nach Wunsch). Sie können das Holz auch beizen. Heften Sie das Seil in einer Schlaufe an die Rückseite des Rahmens (Heftklammern oder Reißzwecken). Experimentieren Sie mit den Holzstücken, den Muscheln und den Steinen.*

zwei *Mit der Klebepistole kleben Sie das Treibholz fest an.*

drei *Legen sie den getrockneten Seetang dekorativ über das Holz. Legen Sie die Muscheln und Steine auf den unteren Rand des Rahmens. Dadurch werden sie vom Spiegel reflektiert. Kleben Sie alle Gegenstände fest.*

vier *Um einen Rahmen aus Kieselsteinen zu machen, verwenden Sie ebenfalls einen Holzrahmen, auf den Sie die Kieselsteine kleben. Behandeln Sie das Holz nach Wunsch vor.*

fünf *Für die Kette aus Kieselsteinen und Glasstückchen wickeln Sie Bast um die einzelnen Stücke und fixieren sie mit einem Klecks Kleber. Feilen Sie das Glas vorher an den Kanten. Für die Muschelkerzenhalter stellen Sie die Kerzenstümpfe in die Muschelschalen, zünden sie an und warten Sie, bis sich das weiche Wachs in der Schale verteilt. Blasen Sie die Kerze aus.*

Schmetterlingsboden

Ein vom Surrealismus und den Arbeiten von Ernst, Escher und Magritte inspirierter Fußboden, der mit etwas Zeit und Liebe zum Detail einfach herzustellen ist. Sie können auch andere Motive verwenden, z.B. Blumen, Boote oder Stühle. In vielen Büchern lassen sich hierzu geeignete Vorlagen als Strichzeichnungen finden. Versiegeln Sie diesen Boden mit mindestens sechs Schichten Lack.

Sie brauchen

helle Emulsionsfarbe
Pinsel
Motiv
Teppichmesser
Schneideunterlage
Tapetenkleister
wasserfester Filzstift oder Ölfarbe und feiner Pinsel
Mattlack zum Versiegeln

eins *Der Boden muß glatt und eben sein. Wenn nötig, verlegen Sie Hartfaserplatten. Streichen Sie den Fußboden in einer hellen Farbe, damit sich die Motive gut davon abheben. Fotokopieren Sie die Motive in mindestens sieben Größen, von ganz klein bis ganz groß.*

zwei *Schneiden Sie jede Kopie mit einem Teppichmesser vorsichtig aus.*

drei *Legen Sie die Kopien auf dem Boden aus und kleben Sie das Papier mit Tapetenkleister auf den Boden.*

vier *Details können Sie mit einem wasserfesten Stift oder mit Ölfarbe nachzeichnen. Versiegeln Sie den Boden mit mindestens sechs Schichten Mattlack oder mit starkem Bodenlack, damit der Boden begehbar wird.*

MUSSELINVORHÄNGE

CREMEFARBENER MUSSELINSTOFF ist das perfekte Material, um ein großes Fenster zu dekorieren, das Tageslicht aber immer noch hereinzulassen. Wir verwenden in diesem Beispiel zwei Bahnen Musselin, die lang genug sind, um über die Vorhangstange gelegt zu werden und am Boden Falten zu werfen. Wir haben eine Bahn mit einem Motiv bedruckt, das einer aufgeschnittenen Melonenhälfte ähnelt. Die Bahnen hängen nebeneinander und werden in der Mitte geknotet.

SIE BRAUCHEN

Pauspapier und Bleistift
dünner Karton für Schablone
harter Schaumstoffblock
Teppichmesser
2 Bahnen cremefarbener Musselin
2 Bambusrohre in Fensterbreite
Nähmaschine (nach Wunsch)
Nähnadel
passender Faden
Stoffarbe: kaffeebraun und dunkelbraun
Teller
Farbroller oder Pinsel
Klebeband
Bohrmaschine
Wandhaken und Dübel
ungefärbter Bast

eins *Zeichnen Sie die Schablone rechts auf Pauspapier durch, vergrößern Sie das Motiv wenn nötig. Legen Sie das Papier auf den Schaumstoff und schneiden Sie den Stempel aus. Höhlen Sie das Innere aus und lassen Sie den Rand stehen. Falten Sie beide Musselinbahnen der Länge nach übereinander. Nähen Sie in der Falz ein Stück ab, durch das die beiden Bambusrohre passen.*

zwei *Geben Sie etwas kaffeebraune Farbe auf einen Teller und verteilen Sie die Farbe mit einem Farbroller gleichmäßig. Bringen Sie die Farbe mit dem Roller auf dem Stempel auf.*

drei *Stempeln Sie das Motiv auf. Drehen Sie den Stempel dabei in alle Richtungen und versuchen Sie, das Muster in gleichmäßigen Abständen zu stempeln.*

vier *Stempeln Sie dunkelbraune Motive unregelmäßig und wie zufällig dazwischen. Umwickeln Sie die Enden der Bambusrohre mit Klebeband, damit der Stoff nicht reißt und schieben Sie beide Rohre durch die abgenähten Stücke in der Mitte beider Bahnen.*

fünf *Bohren Sie Löcher in die Nischendecke und bringen Sie die Haken und Dübel an. Die Löcher sollten sich etwa 10–15 cm innerhalb der Fensternische befinden. Schneiden Sie zehn Stücke Bast zu je 50 cm ab und wickeln Sie je fünf davon anstelle des Klebebands um jedes Ende der Bambusrohre. Mit den losen Enden des Bastes hängen Sie die Bambusrohre an die Deckenhaken. Verknoten Sie die Stoffbahnen in der Mitte und arrangieren Sie die Vorhänge nach Wunsch.*

KOPFTEIL AUS KARTON

WELLPAPPE IST NICHT MEHR NUR einfaches Verpackungsmaterial, sondern wird zunehmend auch von Designern und Dekorateuren verwendet, da sie sehr vielseitig, federleicht und einfach zu verarbeiten ist. Hier wird ungefärbte Wellpappe verwendet, aber es gibt sie auch in unterschiedlichen vielen Farben. Wellpappe ist zudem sehr preisgünstig und einfach das perfekte Material für dieses kreative Kopfteil.

SIE BRAUCHEN

Klebepistole und Kleber

Holzlatten, die um die Holzfaserplatte herumpassen und etwa 5 x 2,5 cm dick sind

rechteckige Holzfaserplatte in gewünschter Größe für das Kopfteil

Rolle Wellpappe, 1 m breit

Geodreieck und Lineal

Schere

Heftmaschine und Heftklammern

Bleistift

Skalpell oder Teppichmesser

Schneideunterlage

kleiner Gummiroller

eins *Mit der Klebepistole kleben Sie die Holzlatten auf die Rückseite der Holzfaserplatte. Etwaige Kleberspuren sieht man später nicht mehr. Legen Sie ein großes Stück Wellpappe auf die Vorderseite und wickeln Sie die Holzfaserplatte wie Geschenk ein. Drücken Sie die Kanten mit einem Lineal oder Geodreieck fest an das Holz und falten Sie die Pappe sauber über die Kanten.*

zwei *Schneiden Sie überstehende Pappe weg, damit die Kanten glatt sind. Befestigen Sie die Pappe mit Heftklammern. Drücken Sie die Heftmaschine fest an, damit die Klammern tief in das Holz gepreßt werden.*

drei *Heften Sie die Pappe auf der Rückseite an die Holzlatten. Ziehen Sie die Pappe dabei fest an, damit Sie keine Wellen auf der Vorderseite haben. Schneiden Sie vier Streifen Wellpappe, 7,5 cm breit und etwa 45 cm lang. Glätten Sie die Pappe mit dem Gummiroller. Falten Sie die Streifen längs in drei Teile, so daß der Streifen nun 2,5 cm breit ist. Glätten Sie die Streifen erneut mit dem Gummiroller.*

vier *Legen Sie die Streifen in Rautenform auf die Vorderseite der Platte. Die Enden sollten sich überlappen. Heften Sie die Streifen an. Schneiden Sie die überlappenden Stellen schräg an, damit sie flach aufeinanderliegen. Tackern Sie die Enden fest.*

fünf *Für die Spiralkegel schneiden Sie sieben 50 cm lange Streifen Wellpappe. Eine der Längsseiten jedes Streifens wird wie folgt schräg geschnitten: Zwei Streifen sind an einem Ende 10 cm breit, am anderen 5 cm. Zwei weitere Streifen sind 12 cm bzw. 5 cm breit, die zwei nächsten schneiden Sie von 14 cm auf 5 cm.Der letzte Streifen verläuft von 16 cm auf 5 cm Breite. Rollen Sie die Streifen vom breiteren Ende her zusammen, die gewellte Seite ist dabei außen. Versuchen Sie, die Basis möglichst gerade zu halten. Verkleben Sie die Enden. Arrangieren Sie die Kegel auf dem Kopfteil, der größte ist dabei in der Mitte. Kleben Sie die Kegel mit der Klebepistole auf die Oberkante des Kopfteils. Gehen Sie großzügig mit dem Kleber um, damit die Kegel nicht herunterfallen.*

WELLPAPPEN-DEKO

WELLPAPPE ERZIELT VERBLÜFFENDE ERGEBNISSE und ist ein sehr innovatives, preisgünstiges Material. Sie ist leicht zu verarbeiten und vielseitig verwendbar. Experimentieren Sie mit verschiedenen Formen und Mustern. Mit Dreiecken kann man z.B. einen Türrahmen umgeben. Sie müssen nur beachten, daß das Material nicht sehr stabil ist. Am besten glätten Sie es vorher etwas mit einem Gummiroller oder einem Lineal.

SIE BRAUCHEN

Maßband
Rolle ungefärbte Wellpapp
Schere
Lineal
dünner Karton
Bleistift
Teppichmesser
Schneideunterlage
Sprühkleber
Klebeband (nach Wunsch)
Kerzen
weiße Emulsionsfarbe
Pinsel
Klebepistole und Kleber
Paketschnur
Vase mit glatter Oberfläche
feine Wellpappe in verschiedenen Farben
Papierkleber

eins *Schneiden Sie einen Streifen Wellpappe in der Länge der Fensterbank und in gewünschten Breite. Glätten Sie die Kanten mit einem Lineal. Malen Sie das Design auf Karton und schneiden Sie eine Schablone aus. Übertragen Sie das Design auf die Wellpappe und schneiden Sie es mit einem Teppichmesser aus.*

zwei *Besprühen Sie die Rückseite mit Kleber und kleben Sie die Borte an. Sie können die Pappe auch auf einen Streifen Klebeband kleben, dann kann man sie später wieder abziehen.*

drei *Für die Kerzendeko schneiden Sie einen Streifen Wellpappe und bemalen ihn mit weißer Farbe. Schneiden Sie die Pappe längs ein. Schneiden Sie einen breiteren Streifen und kleben ihn auf die Rückseite des weißen Streifens. Wickeln Sie die Streifen um ein Kerzenbündel. Wickeln Sie mehrfach Schnur darum. Mit derselben Technik dekorieren Sie auch die Vase.*

vier *Für den Bilderrahmen messen Sie das Bild aus. Zeichnen Sie die Rückwand des Rahmens auf die Wellpappe und schneiden sie mit einem Teppichmesser aus. Legen Sie das Bild auf farbige Wellpappe und schneiden Sie die Pappe großzügig aus. Kleben Sie das Bild auf die farbige Pappe und dann auf die Rückwand. Das Prinzip funktioniert auch andersherum, so daß das Bild auf die Rückwand geklebt wird und man einen Rahmen aus der farbigen Pappe schneidet.*

fünf *Einen Ständer schneiden Sie aus Wellpappe. Schneiden Sie die Form, die auf dem Foto zu sehen ist. Sie können den Rahmen mit gedrehten Streifen bunten Papiers dekorieren, siehe Foto unten.*

LAMPENFUSS AUS PAPPE

Wiederum verwenden wir Wellpappe, weil sie so einfach zu verarbeiten ist und Ihrer Kreativität freien Lauf läßt. Da Wellpappe eine glatte und eine gewellte Seite hat, kann man sie hervorragend aufrollen und einen kegelförmigen Lampenfuß daraus herstellen. Sie müssen nur darauf achten, daß die Lampe an einem sicheren Platz steht: Wellpappe ist sehr leicht, und die Lampe könnte umfallen, wenn sie im Vorbeigehen gestreift wird.

SIE BRAUCHEN

Rolle Wellpappe
Lineal und Bleistift
Skalpell und Schneideunterlage
Klebepistole und Kleber
Lampenfassung

eins *Schneiden Sie ein Rechteck aus Wellpappe von 50 x 35 cm und rollen Sie es der Länge nach zusammen. Lassen Sie in der Mitte Platz für das Lampenkabel. Verkleben Sie die Enden.*

zwei *Schneiden Sie ein weiteres Rechteck von 135 x 4 cm. Zeichnen Sie einen Punkt 20 cm von der linken oberen Ecke zur Mitte hin gemessen ein. Ziehen Sie eine Linie von diesem Punkt zur unteren rechten Ecke. Schneiden Sie die Pappe entlang dieser Linie. Kleben Sie zuerst das gerade Stück an den Lampenfuß und wickeln Sie es herum. Achten Sie darauf, daß das Stück unten gerade bleibt.*

drei *Schneiden Sie ein Rechteck von 50 x 4 cm. Wickeln und kleben Sie es um die Lampenbasis, damit die Lampe einen besseren Stand hat.*

vier *Schneiden Sie noch ein Rechteck von 135 x 4 cm. Wickeln und kleben Sie es um das obere Ende der Säule. Die Oberkante muß gerade sein. Lassen Sie von einem Elektriker die Lampenfassung installieren und das Kabel anbringen. Dekorieren Sie den Lampenschirm mit Streifen Wellpappe.*

Kinderzimmer

Das perfekte Zimmer, um die Phantasie auszuleben: Designs und Dekorationen für Kinder und Erwachsene gleichermaßen. Aber wenn Sie vorhaben, das Zimmer Ihrer Kinder neu zu gestalten, sollten Sie Ihre Ideen zuvor mit Ihren Kindern besprechen. Vielleicht glauben Sie, daß Bilder von Pooh dem Bären eine schöne Wanddekoration wären, aber möglicherweise bevorzugen Ihre Kleinen nicht ganz so knuddelige, längst ausgestorbene Kreaturen ...

Die wichtigste Regel ist, daß eine Kinderzimmerdekoration meist nur von kurzer Dauer ist. Man muß also leicht umbauen können, da Modetrends so schnell wieder verschwinden, wie sie gekommen sind. Ein Kinderzimmer sollte geräumig, hell und bunt sein. Vielleicht ist das nicht ganz nach Ihrem persönlichen Geschmack, aber letztendlich müssen sich Ihre Kinder wohlfühlen, Platz zum Spielen haben und auch mal herumtoben dürfen. Verwenden Sie möglichst keine zerbrechlichen Gegenstände, sondern richten Sie das Zimmer mit praktischen und strapazierfähigen Materialien ein. Ein Kinderzimmerumbau kann auf vielerlei Arten vor sich gehen. Der Boden kann zum Spielbrett werden, und wenn Ihr Kind an der Wand zeichnen will,

Comicfiguren sind populär und oft die Lieblingshelden Ihrer Kinder. Eine Collage bekannter Figuren ist ein absoluter Blickfang.

lassen Sie es. Malen Sie eine schwarze Tafel an und hängen Sie bunte Kreide dazu.

Wäschekörbe können bunt geschmückt werden. Ein einfach herzustellendes Flaggenmuster ist eine farbenfrohe Wanddekoration. Oder streichen Sie die Wände fröhlich bunt. Unsere Vorschläge sind so problemlos nachzumachen, daß Ihre Kinder sicherlich gerne daran mitarbeiten werden.

Fragen Sie die Kleinen, ob sie mithelfen möchten. Die meisten Kinder sind begeisterte Mini-Dekorateure, denn schließlich geht es ja um ihr eigenes kleines Reich.

Wandtafel

Diese einfache Wandtafel macht Ihren Kindern bestimmt viel Freude und ist auch unglaublich praktisch für das Kinderzimmer. Achten Sie darauf, daß die Wand eben und sauber ist und streichen Sie zwei Schichten Emulsionsfarbe als Grundfarbe auf. Die Tafel sollte im richtigen Verhältnis zur Größe Ihres Kindes angebracht werden. Die schwarze Tafelfarbe kann man in fast jedem Baumarkt erstehen.

Sie brauchen

Maßband
Bleistift
Wasserwaage
Richtscheit
Klebeband
Tafelfarbe
Pinsel oder Farbrolle
Emulsionsfarben
Pauspapier
Teppichmesser
Arbeitsunterlage
breiter Pinsel für Schablone
Haken
Schnur
bunte Kreide

eins *Zeichnen Sie die Tafel mit Hilfe der Wasserwaage und des Richtscheits mit Bleistift vor. Kleben Sie die Fläche, die schwarz werden soll, ab und tragen Sie zwei Schichten Tafelfarbe auf. Entfernen Sie das Klebeband sofort.*

zwei *Kleben Sie die Ränder ab und malen Sie die Borte mit Emulsionsfarbe aus. Auch hier zwei Schichten.*

drei *Kleben Sie die Rauten ab. Sie können auch eine Schablone aus Karton anfertigen. Malen Sie die Rauten aus. Bemalen Sie auch die Wandhaken oder kaufen Sie gleich bunte Haken. Hängen Sie die Kreide an Schnüren daran.*

FLAGGENWAND

EIN KRÄFTIGES MUSTER, das viel Farbe und Spaß in das Kinderzimmer bringt. Sie vermeiden so auch die traditionellen, immer gleichen und eintönigen Muster gekaufter Kinderzimmertapeten. Wählen Sie ein Motiv, das Ihnen und Ihren Kindern gefällt, und kopieren Sie es auf starke Overheadfolie für die Schablonen. Wir haben hier zwei unterschiedliche Flaggenmuster verwendet. Sie können eine Borte in Bilderhöhe aufmalen oder das ganze Zimmer mit den Flaggen dekorieren. Auch Nischen oder der Bereich über dem Schreibtisch lassen sich mit dem Muster verzieren.

SIE BRAUCHEN

Overheadfolie
Teppichmesser
Arbeitsunterlage
Klebeband
schwarze Emulsionsfarbe
kleiner Pinsel
bunte Emulsionfarben

eins *Fotokopieren Sie die Muster aus dem Anhang des Buches in verschiedenen Größen. Kopieren Sie das beste Muster direkt auf die Overheadfolie.*

zwei *Schneiden Sie die Muster mit einem Teppichmesser aus. Kleben Sie die Schablonen direkt auf die Wand.*

drei *Malen Sie mit der Schablone eine breite schwarze Umrandung.*

vier *Malen Sie die Flaggeninnenfläche mit einem Pinsel aus.. Die Flaggen sehen hübscher aus, wenn Sie nicht millimetergenau arbeiten.*

LILA PHANTASIEVORHANG

DIESER FILZVORHANG ist einfach eine großartige Idee für ein Kinderzimmer. Kinder haben schon immer gerne mit Filzstoff gebastelt, warum sollte man Filz also nicht in das Kinderzimmerdesign integrieren? Sie können aus vielen Mustern wählen, z.B. Märchenfiguren oder Tiere auf einem Bauernhof. Diese Schablonen gibt es fertig zu kaufen. Die Schabracke können Sie mit den Schablonen schmücken. Der Vorhang wurde hier an einer Holzleiste 20 cm über dem Fensterrahmen angebracht.

SIE BRAUCHEN

Holzlatte 5 x 2,5 cm und in gewünschter Länge

Wasserwaage

Bohrmaschine

Schrauben und Dübel

Schraubenzieher

Zickzackschere

lilafarbener Filz, 2 m breit, in gewünschter Länge plus 40 cm

vorgeschnittene Filzformen

Stoffkleber

Kreide

Reißzwecken

Heftmaschine

eins *Befestigen Sie die Latte mindestens 20 cm über dem Fensterrahmen an beiden Seiten. Schneiden Sie mit der Zickzackschere zwei Streifen Filz. Der Streifen muß 2 cm breiter als die Filzformen sein. Kleben Sie die Schablonen auf. Lassen Sie ausreichend Platz für die Vorhangfalten.*

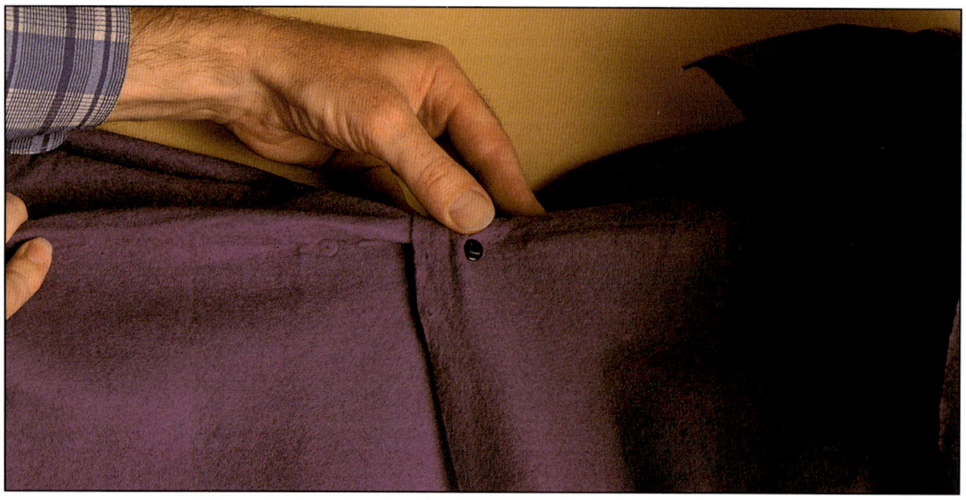

zwei *Befestigen Sie die Streifen auf der linken (nicht dekorierten) Seite an der Oberkante des Vorhangs. Zeichnen Sie auf die rechte Seite 40 cm unterhalb des oberen Randes eine Kreidelinie. Befestigen Sie den Stoff auf Höhe der Linie nun so, daß sich die Stücke in der Mitte treffen.*

drei *Stecken Sie mit den Reißzwecken die Falten ab. Sobald Sie damit fertig sind, können Sie den Überhang darüberhängen lassen.*

vier *Arrangieren Sie die Filzformen beliebig auf dem Vorhang, anschließend kleben Sie die Formen an.*

fünf *Sie können mit der Überhangtechnik auch Raffer machen.*

Wäschekorb mit Perlen

Grellfarbene Plastikwäschekörbe sind billig und praktisch, aber man muß sie bearbeiten, damit sie nach etwas aussehen. Dieser lilafarbene Korb wirkt durch die bunten Spielsteine sehr viel ansprechender. Die kleinen Spitzen dieser Kugeln kann man ganz einfach zurechtschneiden. Wenn Sie kleine Löcher in den Korbdeckel bohren, können Sie die Kugeln problemlos ankleben. Das ist eine sehr stabile Verarbeitungsweise, so daß Sie nicht zu befürchten brauchen, daß sich die Steine im ganzen Zimmer verteilen. Halten Sie den Korb trotzdem von Kindern unter drei Jahren fern. Diese könnten die Perlen schlucken und daran ersticken.

Sie brauchen

chinesische Damekugeln (Spielsteine)
Drahtschere
Plastikwäschekorb mit Deckel
Bohrmaschine
Klebepistole mit Klebestift
Klebeband

eins *Sortieren Sie die Kugeln nach der Farbe und schneiden Sie die Spitzen so zurecht, daß sie nicht zu weit in den Korb hineinreichen.*

zwei *Bohren Sie die Löcher in den Deckel und den Korb.*

drei *Bestimmen Sie ein Farbschema und sortieren Sie die Kugeln entsprechend. Machen Sie etwas Kleber an die Spitze und setzen Sie die Kugeln ein.*

vier *Damit auch die letzte Reihe gerade wird, befestigen Sie ein Stück Klebeband am unteren Rand des Korbes als Positionierungshilfe. Das Einsetzen der Kugeln erfolgt genauso wie vorher.*

Schlaf-Kuschelecke

Kleine Kinder mögen die Sicherheit einer abgeschlossenen Schlafnische, und ältere mögen die abgetrennte Ecke als Rückzugsmöglichkeit. Dies ist besonders wichtig, wenn weitere Geschwister im Zimmer wohnen. In diesem Projekt wurden lediglich Preßspanplatten an ein Bett angebracht. Die Platten können fest montiert oder nur stabil angelehnt werden.

Sie brauchen

2 Preßspanplatten, 122 cm x Bettbreite
1 Preßspanplatte, 122 cm x Bettlänge, plus 5cm
1 Holzlatte, 5 x 2,5cm Bettlänge
Bohrmaschine
Schraubenzieher und Schrauben
hellgraue Emulsionsfarbe
Pinsel
Papier
Sprühkleber
dünne Pappe
Skalpell
Arbeitsunterlage
weißer Kissenbezug
Bügeleisen
Klebeband
Farbe: rot, blau, und gelb
Teller
Schablonenbürsten
Bettbezug
weiche und harte Bleistifte
Säge
Sandpapier
Schablonenfarben (je nach Wunsch)

eins *Die kürzeren Preßspanplatten brauchen Sie für das Kopf- und das Fußende, die längere Platte als Seitenabschirmung. Schrauben Sie die Latte für das Gestell an Kopf- und Fußende an den Bettrand. Befestigen Sie die drei Platten an der Holzlatte. Diese Konstruktion ist nicht sehr stabil, deshalb sollten Sie die große Platte möglichst an eine Wand anlehnen. Streichen Sie die Platten mit der grauen Farbe.*

zwei *Kopieren und vergrößern Sie die Vorlagen auf S. 202 zur Herstellung der Schablonen für die Bettwäsche. Kleben Sie die Figuren auf die Pappe und schneiden sie vorsichtig mit dem Skalpell aus. Ziehen Sie die Papiervorlage wieder ab.*

drei *Waschen und bügeln Sie den Kissenbezug. Legen Sie etwas Papier hinein und befestigen Sie die erste Schablone mit Klebeband.*

vier *Nutzen Sie den Teller als Farbpalette. Malen Sie nun die erste Schablone aus. Verwenden Sie nicht zu viel Farbe auf einmal, da der schönste Effekt durch langsames Auftragen erzielt wird.*

fünf *Legen Sie nun die nächste Schablone an. Passen Sie auf, daß Sie die frische Farbe nicht verschmieren.*

sechs *Geben Sie jedem Tier eine andere Farbe. Wechseln Sie jedesmal die Tierform. Arbeiten Sie weiter, bis der Bezug voll ist und verfahren dann genauso mit dem Deckenbezug.*

sieben *Für das Fenster nehmen Sie die Krokodilschablone. Zeichnen Sie die Konturen auf der Rückseite mit einem weichen Bleistift nach.*

acht *Legen Sie die Schablone nun auf die Preßspanplatte und pausen Sie mit einem harten Bleistift die Kontur auf das Brett. Bohren Sie innerhalb der Konturen Löcher, durch die Sie die Säge einführen können.*

WEITER ➤

neun *Sägen Sie die Krokodilform aus. Arbeiten Sie langsam und halten Sie das Sägeblatt vertikal, so daß Sie nicht schieben müssen und eventuell das Holz beschädigen. Schleifen Sie die Kanten mit feinem Sandpapier nach.*

zehn *Tragen Sie nun noch an der langen Wand mit den Schablonen eine Reihe mit Tieren auf. Dadurch wird das Gesamtbild mit der Bettwäsche perfektioniert.*

COMPUTERSTUHL

EIN EINFACHER STUHL IST vielleicht für einen sehr bunten Anstrich nicht so geeignet, aber Sie können den Stuhl so verändern, daß er z.B. mit einer Leiterrückenlehne auffälliger wird. Am besten kaufen Sie dazu fertige Holzstäbe im Baumarkt. Die haben dann auch den richtigen Durchmesser für Ihren Bohrer. Sie können aber auch mit Ornamenten versehene und gedrehte Stäbe verwenden, wenn Sie die entsprechenden Löcher dazu bohren können. Dekorieren Sie dann den Stuhl mit Computermotiven und bemalen Sie ihn mit leuchtenden und kontrastierenden Farben. So erhalten Sie den besten Effekt.

SIE BRAUCHEN

Stuhl mit Rückenlehne mit Leitersprossen
Bleistift
Bohrmaschine
Lineal
Säge
Holzstäbe
Sandpapier
Hammer
blaue Emulsionsfarbe
kleine und mittlere Pinsel
Acrylfarbe: weiß, fluoreszierendes Gelb, grün und rosa
schwarzer Markierstift
transparenter Mattlack

eins *Markieren Sie die Positionen der Löcher auf den Stuhlleisten. Bohren Sie die Löcher. Messen Sie die gesamte Rückenlehne aus. Schneiden Sie die Holzstäbe etwas länger als die Stuhlbreite.*

zwei *Schieben Sie einen Holzstab durch die zwei zueinandergehörenden Löcher der Stuhlleisten.*

drei *Schlagen Sie den Stab mit einem Hammer vorsichtig auch durch das zweite Loch. Der Stab sollte auf beiden Seiten gleich weit herausstehen. Streichen Sie den ganzen Stuhl blau an. Lange Pinselstriche geben einen gleichmäßigen Anstrich.*

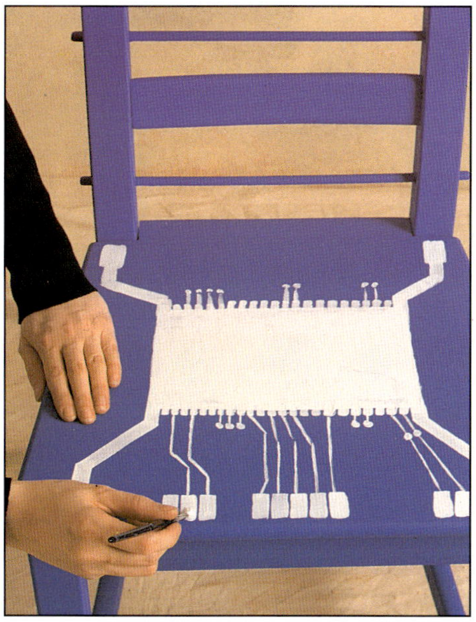

vier *Skizzieren Sie mit einem kleinen Pinsel und weißer Farbe die Konturen des Computermusters auf dem Stuhl. Weiß ist eine gute Grundfarbe für die fluoreszierende Farbe. Malen Sie nun die Muster mit den Farben und einem kleinen Pinsel aus.*

fünf *Zeichnen Sie mit dem Marker noch einmal die Kontur nach und fügen Sie gewünschte Details hinzu. Tragen Sie eine Lackschicht auf.*

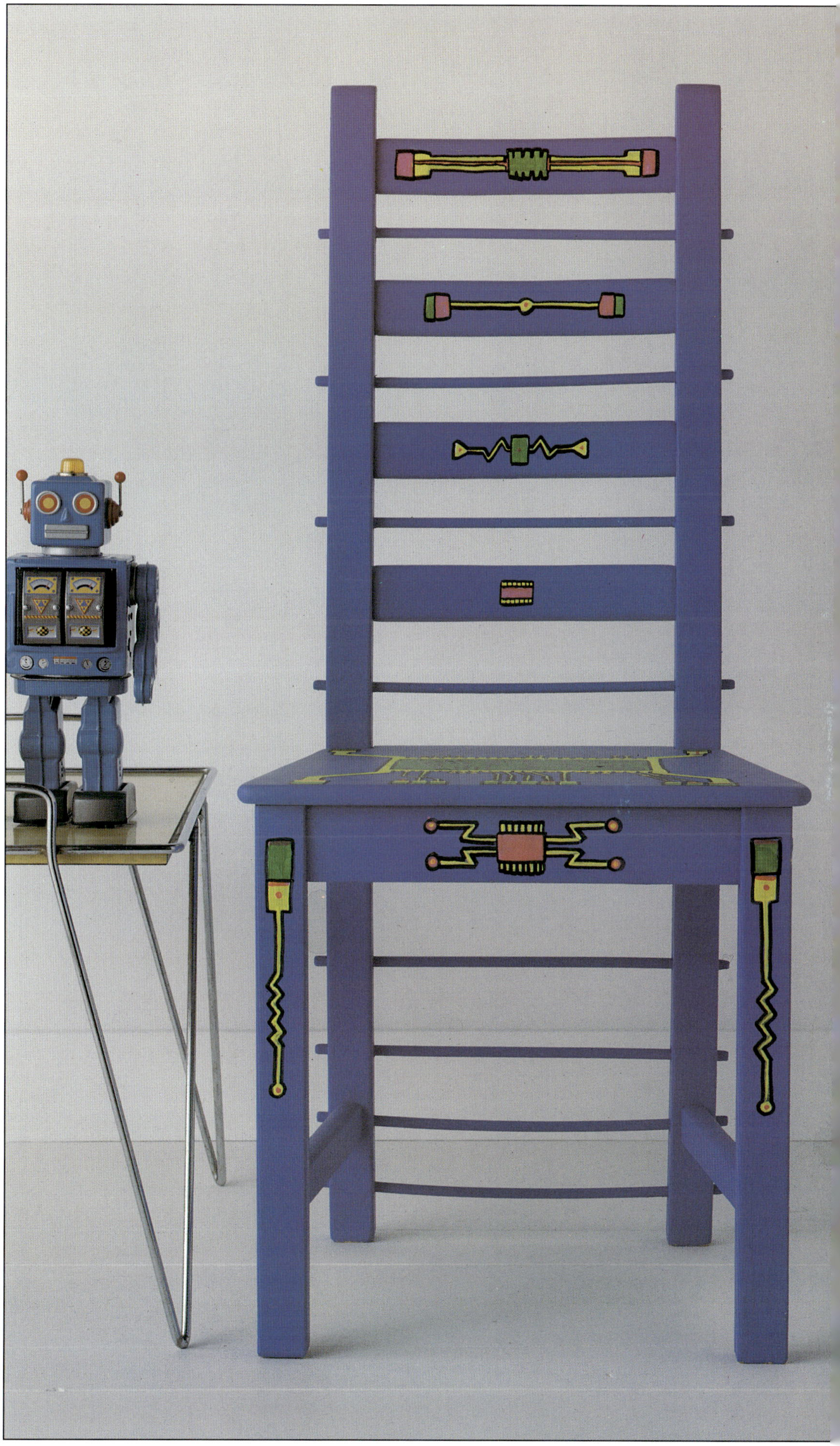

WELTRAUMBETT

ENDLICH EIN DURCHAUS IRDISCHES Bett mit einem Hauch von Weltallreisen. Wenn Ihr Kind sich sowieso bis zur Schlafenszeit Science-Fiction-Filme ansieht, warum lassen Sie es dann nicht gleich auch in dieser Atmosphäre schlafen? Die Form des Kopfbrettes erinnert an die Autos der fünfziger Jahre, aber Sie können fast jede herausragende Form aus der Preßspanplatte schneiden. Weltalldecken gibt es fast überall zu kaufen.

SIE BRAUCHEN

1 Preßspanplatte, Bettbreite mal Höhe zum Boden, plus ca. 1 m
Kugelschreiber
Lineal
Schnur
Nadel
Säge
Sandpapier
Polyesterdecke
Heftmaschine
dünne silberne Isolierdecke
breites Stoffklebeband
Maßband
dicke Silberfolie mit Gewebe (wie sie oft bei Campingmatten verwendet wird)
Schere

eins *Zeichnen Sie eine Linie quer über die Platte ca. 40 cm unterhalb des oberen Randes. Fädeln Sie eine 40 cm lange Schnur an eine Nadel und binden Sie einen Kugelschreiber an das andere Ende. Stechen Sie die Nadel fast direkt an der linken Ecke in die Linie. Ziehen Sie die Schnur fest an und korrigieren Sie die Länge so, daß Sie die Brettecke links oben erreichen. Ziehen Sie einen Kreisabschnitt von dort bis zur Linie.*

zwei *Sägen Sie entlang des Kreises und der Linie. Schmirgeln Sie die Kante ab.*

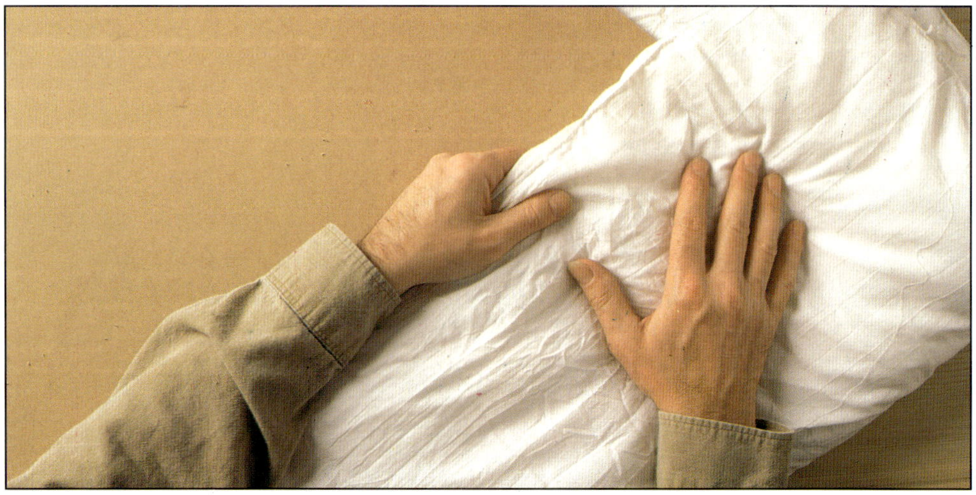

drei *Falten Sie die Decke um das Brett, damit die Vorderseite schön weich wird. Falten Sie die Ecken nach hinten.*

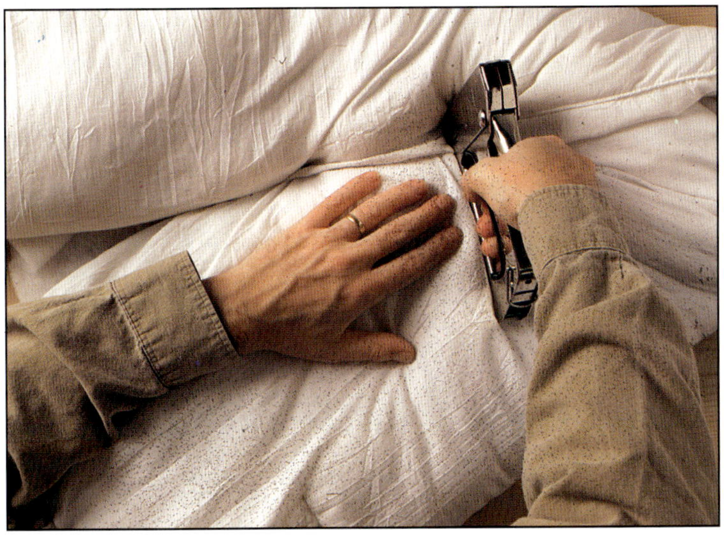

vier *Heften Sie die Ecken an das Brett. Schlagen Sie den Stoff sorgsam um, damit er glatt wird.*

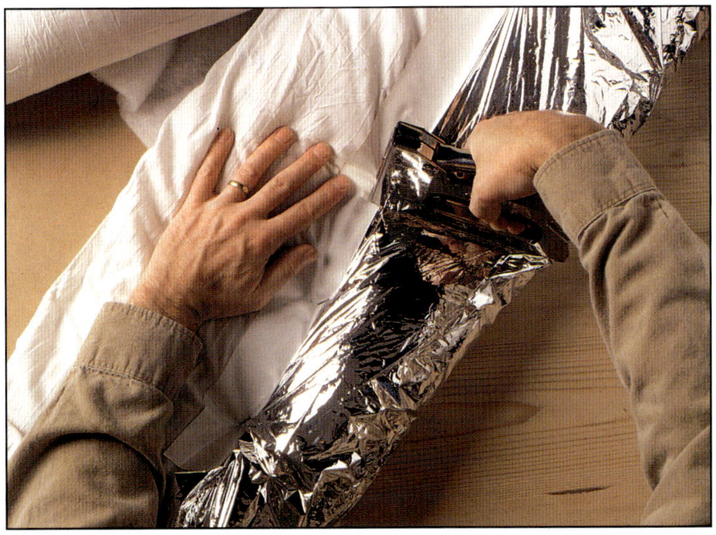

fünf *Legen Sie die Form auf die Silberdecke. Schlagen Sie die Ecken um und heften Sie sie an.*

sechs *Kleben Sie dann Stoffklebeband über den Rand der Silberdecke, um die Heftzwecken zu verdecken.*

sieben *Wenden Sie das Kopfbrett und korrigieren Sie so weit es geht die Falten.*

acht *Markieren Sie an einer Schnur mehrere Punkte in 24 cm Abstand.*

neun *Benutzen Sie die Schnur, um die Knopfpunkte festzulegen. Markieren Sie jeden Punkt mit einem kleinen Stück Klebeband.*

WEITER ➤

zehn *Schneiden Sie die dicke Silberfolie erst in Streifen, dann in Quadrate. Diese werden dann als Knöpfe verwendet.*

elf *Heften Sie ein Quadrat auf jedes Klebeband. Vergewissern Sie sich, daß man das Klebeband nicht mehr sieht. Das Klebeband stärkt das Material und verhindert mögliches Reißen.*

zwölf *Drücken Sie mit der Heftmaschine so fest auf die Quadrate, daß die Heftzwecke durch den Stoff und in das Brett spießt. Verfahren Sie so mit allen Quadraten.*

Comicstuhl

Diese Bastelidee ist sehr effektvoll und von der Themenauswahl her unbegrenzt variabel. Wir haben uns Comicfiguren ausgesucht, um einen Stuhl zu gestalten, der auch im modernsten Kinderzimmer willkommen sein dürfte. Die Graphik auf dem Sitz kann ein beliebiges farbiges Logo sein. Sie könnten auch Ihr Lieblingslogo zu einem Kopierladen bringen und dort auf Stoff drucken lassen.

SIE BRAUCHEN

Holzstuhl
Sandpapier
Schere
Papiermotive
Tapetenkleister
Pinsel
transparente Politur
blauer, dehnbarer Stoff
Heftmaschine
Stofflogo
Stoffkleber

eins *Entfernen Sie den Sitz vom Stuhl. Schmirgeln Sie alle Holzteile etwas an, damit der Kleber besser greifen kann. Schneiden Sie Ihre Comicdekoration aus und geben Sie etwas Kleber auf die Rückseite. Lassen Sie ihn antrocknen.*

zwei *Bepinseln Sie den Stuhl mit Tapetenkleister und legen Sie ihre Dekorationen vorsichtig darauf. Nehmen Sie dabei einen Pinsel zur Hilfe, solange das Papier noch feucht ist. Verfahren Sie so mit dem ganzen Stuhl.*

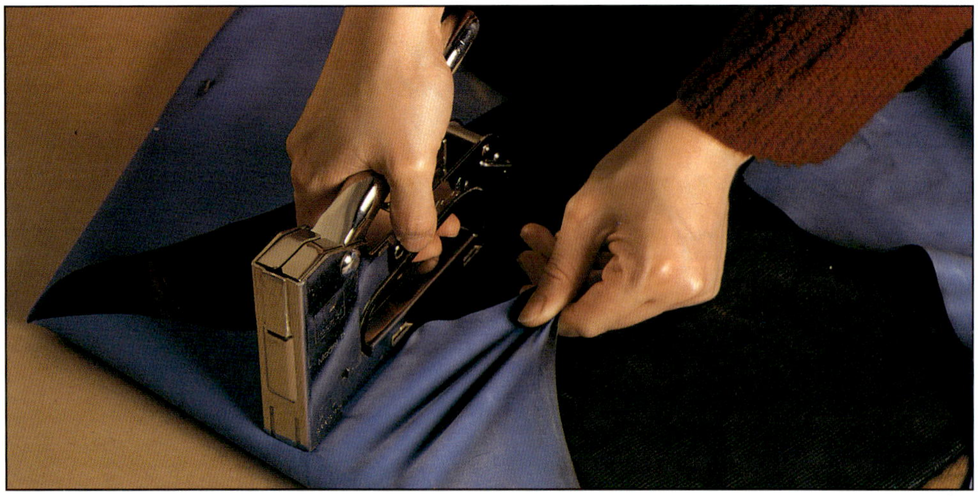

drei *Tragen Sie eine Schicht Lack auf. Ziehen Sie dann den Stoff über den Sitz, und heften Sie ihn fest. Ziehen Sie dabei den Stoff immer wieder nach. Wenn Sie Ihr Motiv in der Mitte der Sitzfläche haben wollen, dann geben Sie etwas Kleber auf die Rückseite und lassen ihn antrocknen.*

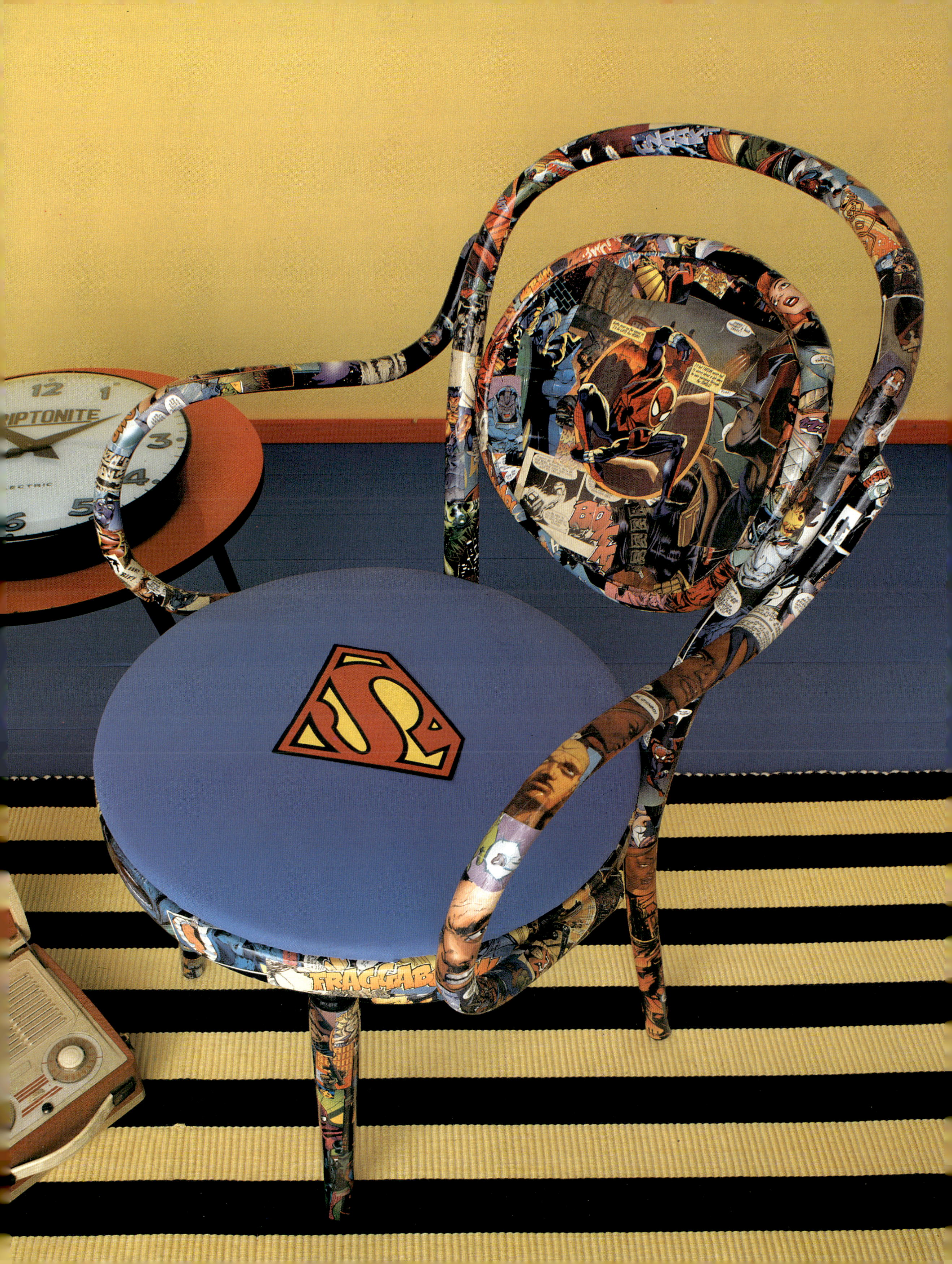

Spielteppich

Genau wie bei Linoleum stehen auch Teppichfliesen hoch im Kurs. Sie sind unschlagbar, wenn der Boden wie im Kinderzimmer viel mitmachen muß. Der einzige Nachteil ist, daß, wie sorgfältig man die Fliesen auch verlegt, das Ergebnis nie nach einem am Stück verlegten Teppich aussieht. Doch anstatt sich mit diesem Manko rumzuquälen, nutzen Sie es zu Ihrem Vorteil. Schaffen Sie einen Vergnügungsteppich, der ein Brettspiel darstellt. Teppichfliesen verzeihen kleine Schönheitsfehler durch das Schneiden und können auch leicht ersetzt werden, sollte mal ein Teil beschädigt werden. Ein geometrisches Muster ist sehr leicht zu verlegen. Kurven sollten Sie dem Experten überlassen, aber alles andere können Sie sich ruhig zutrauen.

SIE BRAUCHEN

Metallmaßband
Bleistift
Papier
Teppichfliesen
weißer Wachsmalstift
Metallineal
Teppichmesser mit genügend Extraklingen
gutes, doppelseitiges Teppichklebeband

eins *Messen Sie Ihr Zimmer aus und vergewissern Sie sich, daß der Boden eben ist und daß keine Nägel hervorstehen. Jeder flache Boden, ob Holz oder Beton, ist für dieses Vorhaben geeignet. Skizzieren Sie Ihr Muster auf Papier. Die meisten Zimmer sind nicht genau rechteckig, also heben Sie einige einfarbige Fliesen für eventuelle Löcher auf.*

zwei *Messen Sie Ihre Fliesen, um herauszufinden, wie groß die spitzen Musterstücke sein müssen. Berechnen Sie, wie viele Fliesen Sie für den gesamten Boden benötigen. Die Rillen im Teppich sollten in Ihr Muster integriert werden. Zeichnen Sie mit einem weißen Wachsmalstift das Muster auf die Rückseite der Fliesen.*

drei *Schneiden Sie mit einem Metallineal und einem Teppichmesser an den Linien entlang. Lassen Sie sich Zeit. Versuchen Sie nicht gleich beim ersten Schnitt, den Teppich ganz zu durchschneiden. Arbeiten Sie auf einer festen Unterlage und sein Sie sehr vorsichtig mit dem Messer.*

vier *Legen Sie einen Streifen Teppichklebeband und entfernen Sie das Papier. Bereiten Sie erst alle Teile für eine komplette Reihe vor und verarbeiten Sie sie dann.*

fünf *Kleben Sie nun die Fliesen fest, aber nicht zu dicht zusammen. Fangen Sie mit dem karierten Rahmen an. Arbeiten Sie sich durch den ganzen Raum, indem Sie Reihe für Reihe legen. Schiefe Schnitte werden unsichtbar.*

Busspielkiste

Man sollte jedes Kind dazu ermutigen, seine Spielsachen abends wieder wegzuräumen. Helfen Sie ihm dabei, indem Sie eine wunderschöne Spielkiste bauen. Die Pastellfarben hinter den Bussen sorgen für einen 50er Jahre-Look. Der türkise Hintergrund und die unregelmäßige Druckweise der Busse verleihen der Kiste ihren Charme. Stempeln Sie immer in verschiedene Richtungen. Der Effekt ist fast dreidimensional.

Sie brauchen

Holzkasten mit Deckel

Emulsionsfarbe: türkis und drei Pastellfarben

Pinsel

Schablonenpappe und Skalpell

4 Teller

2 Farbroller

braune Stempelfarbe und Minibusstempel

eins *Streichen Sie die Kiste mit zwei Schichten Türkis an. Schneiden Sie die eckige Schablone aus. Der Busstempel sollte kleiner als die Schablone sein.*

zwei *Verteilen Sie die drei Pastellfarben auf einen Teller. Rollen Sie die erste Farbe durch die Schablone auf die Kiste. Sie brauchen für jede Farbe eine eigene Form. Waschen Sie die Rolle aus und wiederholen Sie den Vorgang mit den anderen Farben. Lassen Sie der Hintergrundfarbe gleich viel Platz dazwischen.*

drei *Gießen Sie braune Farbe auf einen Teller. Beschichten Sie den Stempel mit der Gummirolle und drucken Sie den Bus über Hintergrund und Pastellfarbe.*

vier *Gehen Sie mit dem Stempel über die Grenze. Variieren Sie den Winkel.*

Brownie 127 CAMERA

BADEZIMMER

FRÜHER DACHTE MAN, DASS EIN einfallsreich gestaltetes Badezimmer bedeutet, daß die Handtücher nach Farbe geordnet und drei leere Parfumfläschchen auf dem Fensterbrett arrangiert sind. Diese Zeiten sind vorbei. Das Badezimmer ist von den Designern entdeckt worden.

Hier nimmt man Zuflucht vor der Welt. Hier können Sie sich selbst verwöhnen, ohne auf andere Rücksicht nehmen zu müssen. Aber bevor Sie die Zeit hier so richtig genießen können, müssen Sie erst einmal dem Raum selbst genügend Aufmerksamkeit schenken.

Weiß, Creme- und Pastellfarben sind sehr beliebt, und das aus gutem Grund: kleine Räume sehen dadurch viel größer aus. Man sollte aber nicht blindlings zur weißen Farbe greifen. Wie wäre es denn beispielsweise mit etwas Strandatmosphäre?

In hellen Farben gestrichene Metalleimer, die an einem Stück Treibholz aufgehängt sind, sind schon einmal ein guter Anfang. Sie könnten die Wand mit Gipssternen verzieren oder ein Porzellanmosaik entwerfen. Dann haben Sie einen wunderschönen Blick aus der Badewanne.

Was machen Sie mit Dingen, die Sie nicht sehen wollen? Fenster mit transparenten Leinenstoffen verhängen, damit es nicht zu dunkel wird oder trockenes Holz einer alten Orangenkiste – einfache Ideen, die

Um Ihr Badezimmer sofort zu verwandeln, hängen Sie helle Eimer an die Wand. Diese werden Sie immer an Ihren letzten Urlaub erinnern.

schnell umgesetzt sind. Und wenn es dunkel wird, schalten Sie die Deckenlampe aus und die Taschenlampen an. Drei verchromte Taschenlampen an einer Chromstange ergeben einen besonderen Effekt.

Ersetzen Sie den Plastikwäschekorb durch einen antik gestylten Terrakottatopf. Laufen Sie besser über als in den Wasserpfützen auf dem Boden, und zwar auf einem Rost von Holzplanken – leicht zu fertigen und sehr praktisch!

Dieses Kapitel bietet Ihnen einige Dekovorschläge für ein Badezimmer, in dem Sie sich waschen, duschen, baden und richtig entspannen können. Das einzige Problem wird wohl, daß Sie nicht mehr herauskommen wollen.

Badezimmereimer

Bringen Sie Strandatmosphäre direkt in Ihr Badezimmer, und schaffen Sie gleichzeitig eine Aufbewahrungsmöglichkeit für nicht stapelbare Sachen. Hängen Sie dafür bunte Eimer in einer Reihe auf. Dieses lackierte Trio haben wir in einem Spielzeugladen gefunden. Aber sollten Sie an die Küste fahren, finden Sie dort sicherlich eine große Auswahl. Machen Sie doch dann auch gleich einen Strandspaziergang und suchen Sie ein geeignetes Stück Holz.

Sie brauchen

- 3 lackierte Eimer (oder Plastikeimer)
- langes Stück Treibholz (oder ein altes Brett)
- Bleistift
- Bohrmaschine
- Draht
- Zange
- Drahtschere
- Klebeband
- Schrauben und Dübel
- Schraubenzieher

eins *Stellen Sie die Eimer in gleichen Abständen vor das Brett. Machen Sie je Henkel zwei Markierungen, und zwar jeweils kurz vor der Krümmung. Bohren Sie an diesen Stellen Löcher durch das Holz.*

zwei *Führen Sie den Draht um jede Seite der Henkel, dann beide Enden durch die Löcher, auf der anderen Seite umeinanderdrehen und kürzen. An beiden Enden ein Loch bohren.*

drei *Halten Sie das Holz an die Wand und markieren Sie die Löcher. Kleben Sie ein Stück Klebeband über die Markierung, damit die Fliesen nicht brechen. Bohren Sie die Löcher und schrauben Sie das Holz an die Wand.*

SAVON
BONNE
MERE

Muschelkiste

Muschelkisten sind oftmals kein hübscher Anblick, und leider haben die schlimmsten unter ihnen dem eigentlich entspannenden Muschelsammeln einen langweiligen Beigeschmack gegeben. Lassen Sie sich nicht abschrecken. Muscheln sind von Natur aus schön und müssen nur geschmackvoll arrangiert werden. Diese Dekoration kombiniert Muscheln mit Wellpappe. Die Kiste wird anschließend ganz weiß angestrichen.

Sie brauchen

Auswahl an Muscheln
runde Wellpappschachtel
Klebepistole und Klebestifte
ultraweiße Acrylfarbe
Pinsel

eins *Sortieren Sie die Muscheln nach Form und Größe. Arrangieren Sie die Muscheln auf dem Deckel. Kleben Sie zuerst die Muschel in der Mitte an, dann die am äußeren Rand. Arbeiten Sie sich jetzt nach innen vor.*

zwei *Setzen Sie die verschiedenen Formen effektvoll ein. Mit der Klebepistole können Sie die Muscheln direkt genauso anbringen, wie Sie möchten.*

drei *Streichen Sie die Kiste und die Muscheln nun weiß an. Nach zwei Schichten müßte die Farbe ausreichend abdecken.*

Römischer Wäschetopf

Wäsche im Topf? Hört sich vielleicht ein bißchen seltsam an, aber diese Idee möchte Sie ein wenig vom klassischen Flechtkorb weglotsen. Terrakottatöpfe gib es heutzutage in allen Größen und Formen. Um Ihren neuen Topf ein etwas antikeres Aussehen zu geben, folgen Sie einfach nur den Anweisungen. Der Topf wirkt besonders gut in einem Badezimmer mit Mittelmeeratmosphäre.

Sie brauchen

großer Terrakottatopf
altes Tuch
Schellack-Knopfpolitur
weiße Emulsionfarbe
Pinsel
Scheuertuch
Sandpapier

eins *Weichen Sie das alte Tuch in der Knopfpolitur ein und reiben Sie den Topf damit ein. Die Farbe zieht sofort ein. Es bleibt ein gelber Schimmer.*

zwei *Mischen Sie die weiße Farbe mit gleichviel Wasser. Mischen Sie gründlich und streichen Sie eine Schicht auf den Topf. Lassen Sie die Farbe trocknen.*

drei *Rubbeln Sie die Farbe mit dem Scheuertuch ab. Die Farbe wird an einigen Stellen haftenbleiben. Lassen Sie den Topf so oder schmirgeln Sie die Oberfläche teilweise noch mit Sandpapier ab, um die originale Topffarbe wieder zum Vorschein zu bringen. Sobald Sie zufrieden sind, tragen Sie die Politur auf.*

VIKTORIANISCHES FENSTER

DIESE IDEE HAT IHREN URSPRUNG in den gravierten Fenstern der viktorianischen Zeit. Sie erzielen den Effekt problemlos mit Autolack und Schablonenpappe. Die Farbe muß ganz dünn aufgetragen werden, also üben Sie erst mal mit Bilderglas. Wir haben Ihnen ein Muster vorgegeben, aber Sie können selbstverständlich auch Ihr eigenes zeichnen. Lassen Sie sich inspirieren!

SIE BRAUCHEN

Maßband
Klebeband
Pauspapier
Schablonenpappe
Bleistift
Bastelmesser
Packpapier
matter weißer Autolack

eins *Messen Sie den Fensterrahmen aus und markieren Sie die Mitten mit Klebeband. Fotokopieren und vergrößern Sie das Muster. Schneiden Sie es aus Schablonenpappe aus. Kleben Sie die mittlere Schablone an das Fenster. Decken Sie alles außenherum mindestens 50 cm breit mit dem Packpapier ab.*

zwei *Schütteln Sie die Farbdose. Sprühen Sie in kleinen Stößen aus mindestens 30 cm Entfernung.*

drei *Je nachdem, wie groß Ihre Fenster sind, brauchen Sie vielleicht noch einige Randstreifen. Basteln Sie sich eine Schablone in der entsprechenden Größe und verfahren Sie weiter wie bisher.*

Taschenlampen

Eine Reihe Chromstrahler ist schon lange ein Designertip, aber um die Kabel gut und richtig zu legen, brauchen Sie Zeit und meistens auch viel Geld, vor allem da im Badezimmer auch noch besondere Sicherheitsmaßnahmen nötig sind. Aber hier haben wir sogar etwas noch besseres für Sie! Sie brauchen nur drei preiswerte Chromtaschenlampen, eine Handtuchstange, einige Installationsteile und eine freie Stunde.

SIE BRAUCHEN

3 kleine oder mittelgroße Chromtaschenlampen

3 kleine Lederriemen

Bleistift

Locher

3 kleine Schellen

Chromduschstange mit zwei Rohransätzen

Schraubenzieher

Bohrmaschine

Schrauben und Dübel

Wasserwaage

eins *Wickeln Sie einen Riemen um eine Taschenlampe und markieren Sie den Punkt für die Schnalle. So wird die Lampe richtig fest hängen. Markieren Sie alle Riemen so.*

zwei *Stechen Sie die Löcher. Befestigen Sie die Schellen an der Stange, dann ziehen Sie die Riemen durch und schrauben die Schellen fest zu.*

drei *Die Riemen sollten in gleichen Abständen angebracht werden. Befestigen Sie die Stange mit den Ansätzen an die Wand. Mit der Wasserwage können Sie nachprüfen, ob sie gerade hängt. Schnallen Sie die Taschenlampen an.*

LATTENROLLO

OBSTHÄNDLER SIND ES GEWOHNT, ROHE WAREN an ihre Kunden zu verkaufen, aber sie werden wohl doch überrascht sein, wenn Sie nicht ihr Obst und Gemüse wollen, sondern ihre Holzkisten. Versuchen Sie, Orangenkisten zu bekommen, da man die dünnen Latten wunderbar für die Verarbeitung zum Rollo verwenden kann. Diese Rollos sind ideal für Fenster, die ohnehin schon klein und verdeckt sind, wie z.B. das Badezimmerfenster. Dort muß man sie dann gar nicht hochziehen, sollte es aber nötig sein, investieren Sie etwas mehr Arbeit, und Ihr Lattenrollo wird zur Jalousie.

SIE BRAUCHEN

Orangenkisten
Zange
scharfes Messer
Sandpapier
Lineal
Bleistift
Bohrmaschine
Schnur
Schere
2 Tassenhaken

eins *Nehmen Sie die Orangenkisten auseinander und suchen Sie sich die schönsten Teile aus. Entfernen Sie alle Heftzwecken mit einer Zange. Spalten Sie einige Brettchen, damit sie nicht alle dieselbe Breite haben. Das Ergebnis sieht besser aus, wenn Sie bewußt unregelmäßig arbeiten.*

zwei *Bearbeiten Sie das Holz so, daß sie unterschiedliche Formen erhalten.*

drei *Glätten Sie die Schnittstellen mit Sandpapier.*

vier *Legen Sie die Brettchen so nebeneinander, daß sie einen geraden Rand bilden. Markieren Sie die Löcher, und zwar 5 cm vom Seitenrand und 3 cm vom unteren Rand. Obwohl die Brettchen verschiedene Breiten haben, sollten die Löcher immer denselben Abstand zum Rand haben.*

fünf *Bohren Sie durch Ihre Markierungen. Die Löcher sollten so groß sein, daß die Schnur zweimal durchpaßt, aber nicht größer.*

sechs *Führen Sie nun die Schnur durch die Löcher. Beginnen Sie auf der Rückseite und ziehen Sie die Schnur ganz durch. Die Schnur sollte die doppelte Länge des Rollos haben, da man sie ja noch um die Bretter wickeln muß.*

sieben *Wickeln Sie die Schnur einmal herum und ziehen Sie sie nochmals durch das Loch.*

◄

acht *Führen Sie die Schnur zum zweiten Brettchen. Wiederholen Sie den gesamten Vorgang, bis Sie alle Bretter miteinander verbunden haben.*

WEITER ►

neun *Sobald Sie damit fertig sind, machen sie einen Doppelknoten und schneiden das Schnurende ab. So sollte das Rollo von der Arbeitsseite her aussehen. Verfahren Sie genauso mit der anderen Seite.*

zehn *Wenden Sie das Rollo und bringen Sie es am Fenster an, und zwar mit der Arbeitsseite nach außen. Schrauben Sie zwei Haken über das Fenster und hängen Sie das Rollo auf.*

Mosaik-Waschbecken

Ein Mosaik sieht immer recht kompliziert aus, ist aber meistens sehr leicht zu gestalten. Sie brauchen allerdings Zeit und Geduld. Verwenden Sie zerbrochene Fliesen oder suchen Sie im Trödelmarkt nach brauchbaren Restposten und kreieren Sie sich einen schönen Waschbeckenhintergrund. Sie können selbst entscheiden, wie kompliziert das Farbschema sein soll. Sie brauchen eine möglichst große Auswahl verschiedener Teile. Sie können große Teile zerkleinern, indem Sie diese zwischen Pappe legen und sachte daraufhämmern. Arbeiten Sie mit einer Preßspanplatte, denn dann können Sie das Mosaik im Sitzen erstellen. Ihr Rücken wird es Ihnen danken, wenn Sie sich nicht zu lange über das Becken beugen.

SIE BRAUCHEN

Maßband
Preßspanplatte
Bleistift
Lineal
Säge
Bohrmaschine
Rundstab
Gehrungsklotz und -säge
Holzkleber
weiße Emulsionsfarbe
Pinsel
Auswahl zerbrochener Fliesen und Keramik
Klebepistole und Klebestifte
Schrauben
Mörtel
Dübel
Schraubenzieher

eins *Messen Sie die Preßspanplatte, um sie Ihrem Waschbecken anzupassen. Zeichnen Sie die Maße direkt auf die Platte.*

zwei *Schneiden Sie mit der Säge die Form vorsichtig aus.*

drei *Markieren Sie die Positionen der Löcher für die Wandbefestigung. Bohren Sie diese Löcher.*

vier *Messen Sie den Durchmesser des Rundstabes, der als Rahmen für die Platte dienen soll. Gehren Sie den Stab mit dem Gehrungsblock und der Gehrungssäge.*

fünf *Kleben Sie den Rundstab mit Holzkleber an die Platte. Folgen Sie den Anweisungen des Herstellers.*

sechs *Streichen Sie alles weiß an und lassen Sie die Farbe trocknen.*

sieben *Arrangieren Sie die Keramikstücke auf der Platte. Experimentieren Sie so lange, bis Sie auch wirklich zufrieden sind.*

acht *Kleben Sie die Keramikstücke mit der Klebepistole auf die Platte.*

neun *Legen Sie die Schrauben in ihre Löcher, damit kein Mörtel hineinkommt. Streichen Sie das Mosaik aus. Achtung, scharfe Kanten!*

WEITER ➤

zehn *Bohren Sie die Löcher in die Wand und drücken Sie die Dübel hinein. Schrauben Sie dann die Platte über das Waschbecken.*

elf *Kleben Sie Keramikstücke über die Schraubenköpfe.*

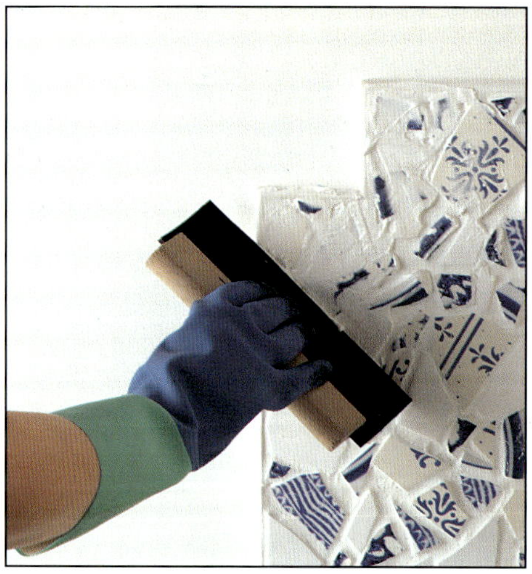

zwölf *Streichen Sie nochmals die Zwischenräume aus.*

PROMENADENGITTER

Japanische Badehäuser sind die Inspiration für diesen Boden. Das Gitter verhindert, daß sich das Badezimmer nach dem Duschen in eine Eislaufbahn verwandelt und vermittelt gleichzeitig die Heiterkeit und Ruhe eines Zen-Gartens. Mit dieser Arbeit machen Sie aus Brettern einen Laufsteg durch Ihr Badezimmer. Alternativ können Sie natürlich auch nur bestimmte Bereiche des Bades damit ausstatten.

SIE BRAUCHEN

Maßband
Säge
Randschienen aus Holz
Laufbretter
Bohrmaschine
weiches Tuch
Pinsel
Holzbeize
Holzschrauben

eins *Der Boden muß sauber und eben sein. Jeder Belag ist geeignet, aber Sie werden ihn durch die Bretter sehen. Sollten Sie also die Bodenfarbe ändern wollen, tun Sie das zuerst. Messen und schneiden Sie die Randschienen auf die Länge der Laufstegteile. Bohren Sie Löcher hinein und beizen Sie die Schienen mit derselben Farbe wie die Laufbretter.*

zwei *Messer Sie den Abstand zwischen den Laufschienen.*

drei *Plazieren Sie die Laufschienen so, daß Sie die Laufstegteile daraufschieben können. Die Teile sitzen dann zwar fest, sind zum Reinigen des Bodens aber hochhebbar. Bohren Sie Löcher in den Boden und schrauben Sie die Schienen fest. Schieben Sie den Laufsteg darauf.*

PATCHWORKBODEN

Toiletten und Duschräume werden meist unter funktionalem Aspekt gesehen, da sie oft naß werden und auch weil man heutzutage sehr wenig Zeit darin verbringt. So sieht man hier oft einen spartanischen Boden. Dabei gibt es eine enorme Vielfalt an Fliesen, mit denen Sie diese Räume verschönern können, ohne an Funktionalität einzubüßen. Wir haben uns für stilvolle Blauvarianten mit Indigoakzenten entschieden.

SIE BRAUCHEN

Bleistift
Lineal
Fliesenkleber (wasserfest für das Badezimmer, weich für einen angehobenen Boden)
Keramikfliesen
gezahnte Maurerkelle
Fliesendistanzstück
Richtscheit
Gummischrubber
Mörtel
feuchter Schwamm
trockenes Tuch
Holzpflock

eins *Zeichnen Sie ein Gitter auf den Boden. Streichen Sie mit der Maurerkelle den Klebstoff auf eine Fläche, die klein genug ist, um alle Ecken leicht zu erreichen. Fangen Sie an, die Fliesen zu legen. Benutzen Sie das Distanzstück, damit die Abstände gleichbleiben. Prüfen Sie mit dem Richtscheit, ob die Fliesen auch horizontal und eben sind. Sobald Sie fertig sind, streichen Sie Mörtel darüber und füllen Sie die Zwischenräume, damit alles wasserfest bleibt.*

zwei *Wischen Sie überflüssigen Mörtel mit dem Schwamm weg.*

drei *Polieren Sie alles mit einem trockenen Tuch, sobald die Fliesen trocken sind. Glätten Sie den Mörtel anschließend mit dem Holzpflock.*

Webvorhang

Dieses farbige, gewebte Band gehört zu den natürlichen Materialien, die man seit einiger Zeit kaufen kann. Es ist steif genug, um die Form zu bewahren und gefaltet zu werden – die Voraussetzung, um diesen Vorhang zu machen. Dekorieren Sie damit ein Fenster, das undurchsichtig, aber lichtdurchlässig werden soll, wie in Bad, Toilette oder Duschraum. Zur besseren Betonung von Material und Farbe werden die Streifen geflochten.

SIE BRAUCHEN

gewebte Stoffstreifen in 3 Farben, 6 cm breit

Schere

Maßband

2 Besenstiele

Heftmaschine

Pfriem

2 Klempner-Rohransätze

Schraubenzieher

eins *Schneiden Sie einige Streifen Band zurecht. Sie brauchen die Fensterhöhe plus 20 cm. Wickeln Sie 10 cm Band um einen Besenstiel und heften Sie den Stoff an. Lassen Sie eine Lücke von 3 cm zwischen den einzelnen Bändern. Heften Sie die Streifen weiter an, bis nur noch 9 cm des Besenstiels frei sind. Verfahren Sie genauso mit der anderen Stoffseite und dem anderen Besenstiel.*

zwei *Schneiden Sie die anderen Farben in Fensterbreite plus 3 cm für beide Seiten aus. Weben Sie diese durch die Längsstreifen.*

drei *Schlagen Sie den Saum einmal um und kneifen Sie ihn mit dem Daumennagel zusammen. Heften Sie die zwei Streifen zusammen. Machen Sie Löcher in die Decke und schrauben Sie die Röhransätze an. Befestigen Sie den Besenstiel.*

Handbedruckte Fliesen

Diese Fliesenimitationen werden direkt an die Wand gedruckt. Sie müssen sich lediglich einen Schwammstempel machen. Dies ist eine kostengünstige Alternative zu Keramikfliesen, und es gibt endlos viele Farbkombinationen. Wenn Sie nur eine Farbtönung wünschen, wird es noch billiger, da Sie nur eine Farbe brauchen und diese mit weiß abmischen. Mit einem Schwammstempel können Sie problemlos Quadrate drucken. Sollten Sie eine weiße Wand haben, so wirken die weißen Linien zwischen den Drucken wie Mörtel.

SIE BRAUCHEN

Lineal
Bleistift
Schmierpapier
dicker Schaumstoff
Kleber
Teppichmesser
Arbeitsunterlage
2 verschiedene Farben plus weiß
Pinsel
Schere
Richtscheit
Wasserwaage
alte Teller
kleiner Farbroller
kleine Bürste
Klarlack
Lackbürste

eins *Entscheiden Sie, wie groß die Fliesen sein sollen. Zeichnen Sie Ihr Stempelmuster auf Papier vor. Kleben Sie es auf den Schaumstoff und schneiden Sie die Hohlräume aus. Winkeln Sie den Einschnitt ein wenig von oben nach unten an. Machen Sie sechs solcher Stempel.*

zwei *Verwenden Sie kleinere Schaumstoffteile als Griff.*

drei *Wählen Sie die Farben – Meeresfarben wie Grün und Blau passen in jedes Badezimmer. Wir haben aus zwei Farben sechs Tönungen hergestellt. Ein Drittel der zwei Farben wurden zu einer dritten vermischt. Diese drei wurden wiederum zur Hälfte mit weiß vermischt.*

vier *Entscheiden Sie, wie das Farbschema aussehen soll. Legen Sie das Muster vorher mit Papierstückchen.*

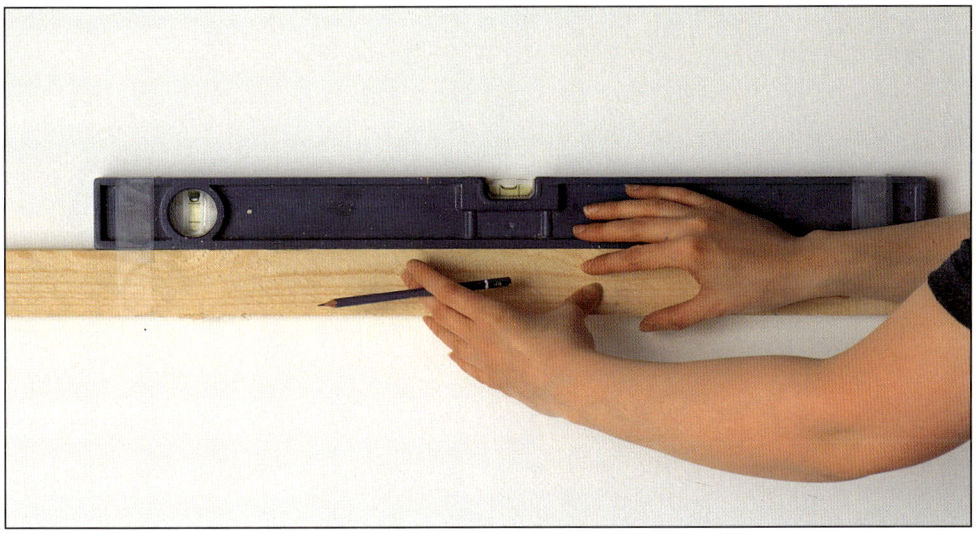

fünf *Markieren Sie horizontale Grundlinien an der Wand. Benutzen Sie einen Bleistift, eine Wasserwaage und ein Richtscheit.*

sechs *Markieren Sie auch die vertikalen Grundlinien.*

sieben *Geben Sie etwas Farbe auf einen Teller und streichen Sie diese mit einer Rolle glatt. Rollen Sie die Farbe auf den Stempel.*

WEITER ➤

acht *Stempeln Sie das Fliesenmuster. Drücken Sie fest gegen die Wand. Ziehen Sie die Grenzlinien mit einem Pinsel und weißer Farbe nach. Vergewissern Sie sich, daß man keine Bleistiftmarkierungen mehr sieht.*

neun *Sobald die Wand trocken ist, lackieren Sie zweimal darüber. So ist die Oberfläche geschützt und wasserfest.*

H
C

GIPSSTERNE

GIPS HAT EINE PUDRIGE KONSISTENZ und eine reine weiße Farbe, ideal für eine Wanddekoration. Sie können Gips aber auch in jeder beliebigen Farbe anstreichen. Die meisten Gipshersteller haben eine ganze Reihe von Formen, zwischen denen Sie wählen können. Sie bieten Modernes und Klassisches, werden Ihnen aber auch gerne eine Gußform mit Ihren eigenen Ideen anfertigen. Diese Dekoration wirkt besonders gut als Wandleiste, sowie auf einer kleineren Fläche, wie z.B. um eine Tür herum oder hinter dem Waschbecken, wie es hier gezeigt wird.

SIE BRAUCHEN

Gipssterne
Schere
Klebeband
Transparentlack
Pinsel
Kleber
Holzstück

eins *Entscheiden Sie, wo Sie die Sterne (oder das Motiv Ihrer Wahl) anbringen, indem Sie die Form fotokopieren und mit Klebeband an der Wand befestigen. Arrangieren Sie die Kopien, bis Sie wirklich zufrieden sind.*

zwei *Versiegeln Sie die Sterne mit Transparentlack.*

drei *Sobald die Sterne trocken sind, kleben Sie diese mit Wandkleber an. Benutzen Sie ein Holzstück, damit die Abstände immer gleich bleiben.*

Griechisches Bad

Dieses Badezimmer sieht viel zu gut aus, um von einem Laien dekoriert worden zu sein. Das Muster ist ganz einfach ein griechisches Ornament, von Quadrat- und Kreuzformen umgeben. Schwarz und Gold passen hervoragend auf weiße Fliesen. Jedes Badezimmer hat seine Charakteristika. Nutzen Sie die Rahmenbemalung, um die positiven hervorzuheben und von den negativen abzulenken. Damit alles zusammenpaßt, können Sie auch Handtücher mit dem Muster bedrucken. Verwenden Sie dafür einfach Stoffarbe.

SIE BRAUCHEN

Pauspapier
Bleistift
Sprühkleber
dichter Schaumstoff, wie Polsterschaumstoff
Skalpell
Acrylfarbe: schwarz und gold
2 Teller
Holzlatte 2–3 cm breit, je nach Badezimmer
Klebeband

eins *Pausen Sie das Schablonenmuster auf das Papier und kleben Sie es dann auf Schaumstoff. Fangen Sie mit dem Schneiden an der Außenlinie an. Schneiden Sie bis auf das Schablonenmuster alles gründlich weg.*

zwei *Geben Sie eine gleichmäßige Schicht Farbe auf einen Teller. Verwenden Sie die Holzlatte als Abstandshalter zum Rahmen. Machen Sie zuerst einen Probedruck auf Papier. Beginnen Sie dann in der unteren Ecke mit einem schwarzen Quadrat. Darüber kommt ein Ornament. Achten Sie darauf, daß Sie die Ränder nicht verschmieren.*

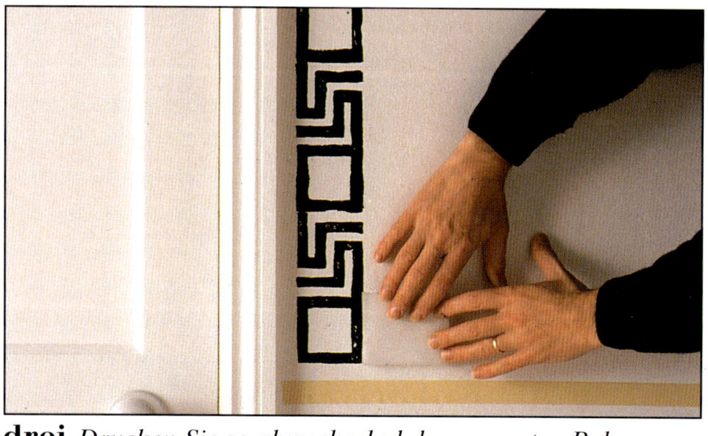

drei *Drucken Sie so abwechselnd den gesamten Rahmen. Heften Sie einen Klebestreifen entlang der unteren Grenze und drucken Sie weiter.*

vier *Geben Sie für die Kreuzschablone eine Schicht goldene Farbe auf einen Teller. Machen Sie einen Probedruck. Drucken Sie ein Kreuz in jedes Quadrat.*

Formelwand Seite 76

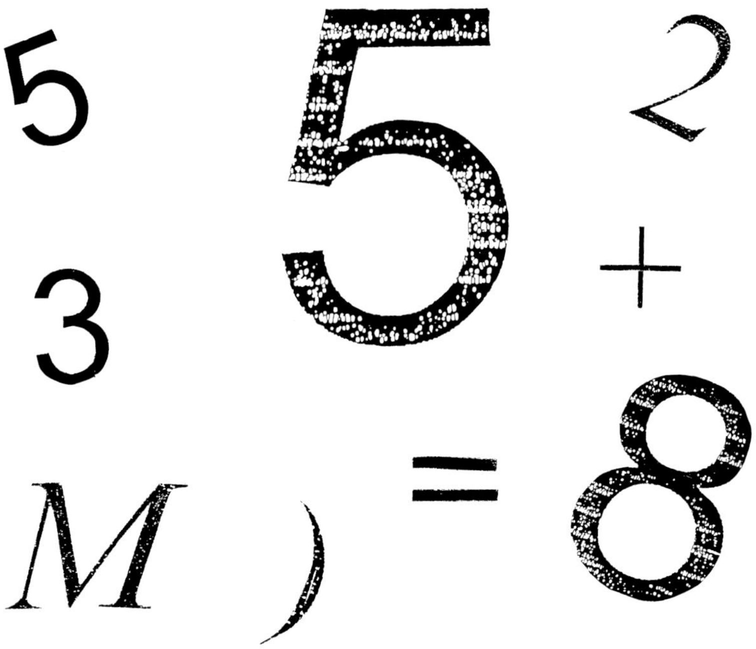

Bauernregal Seite 94

Geometrische Muster Seite 78

Vorhang Seite 54

Bezug für Klappstuhl Seite 36

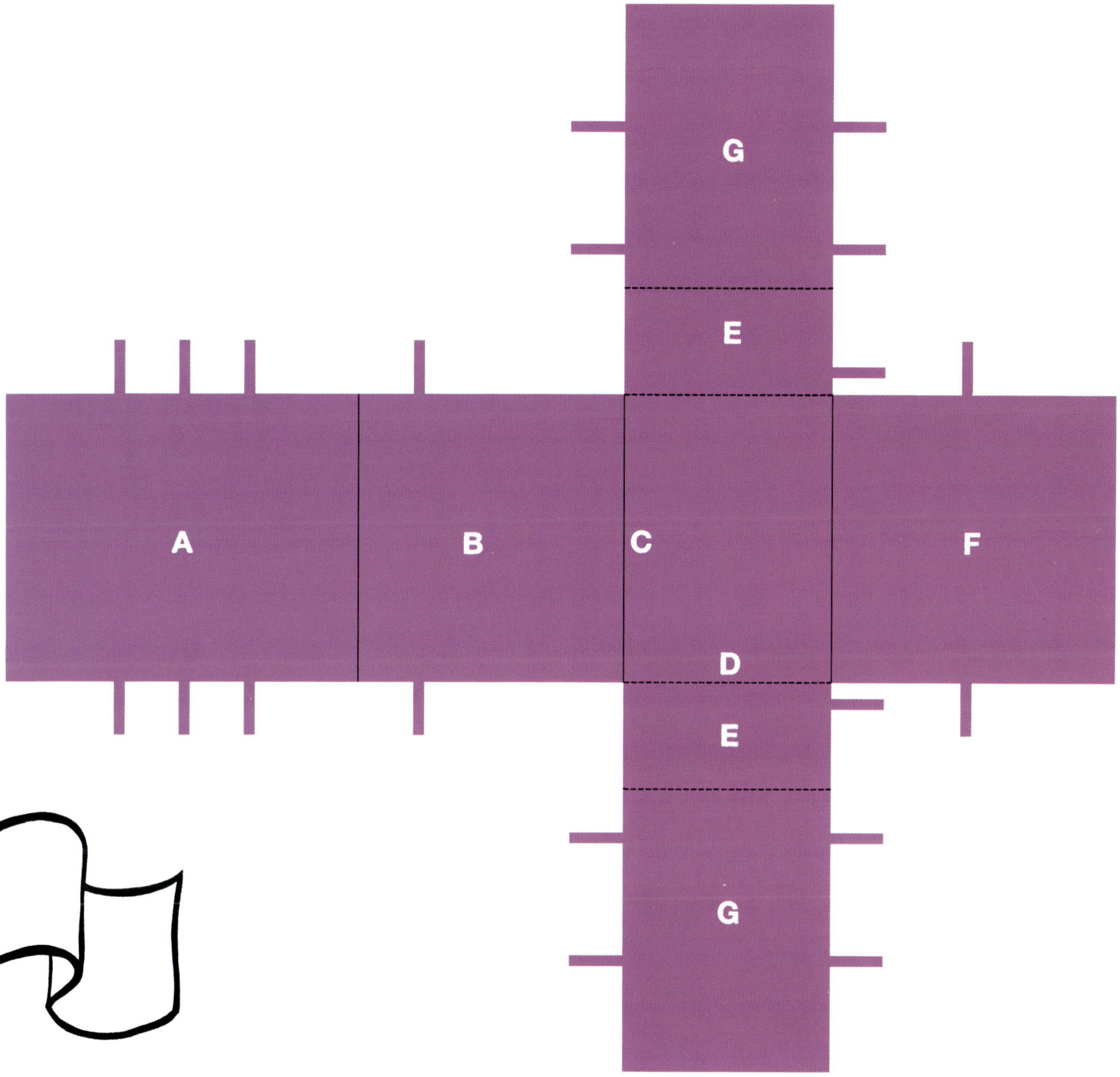

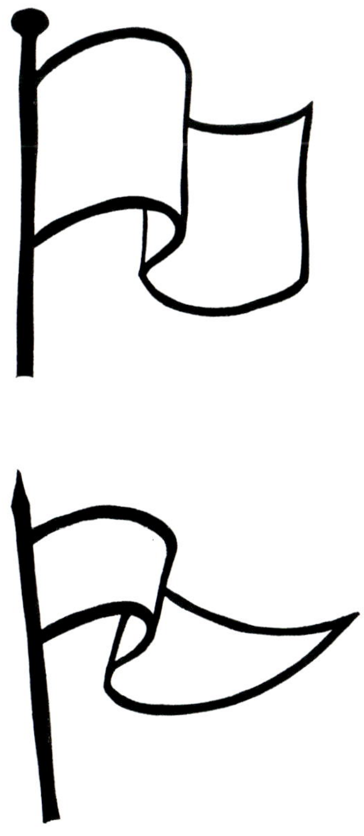

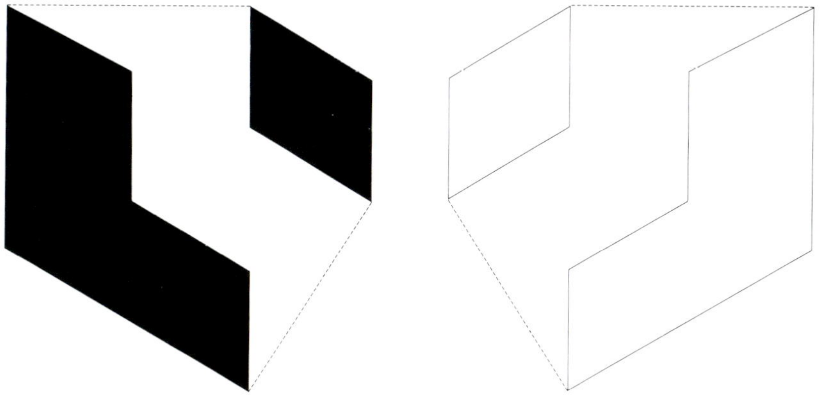

Flaggenschablonen Seite 194

Liegestuhl Seite 80

Linoleum Seite 112

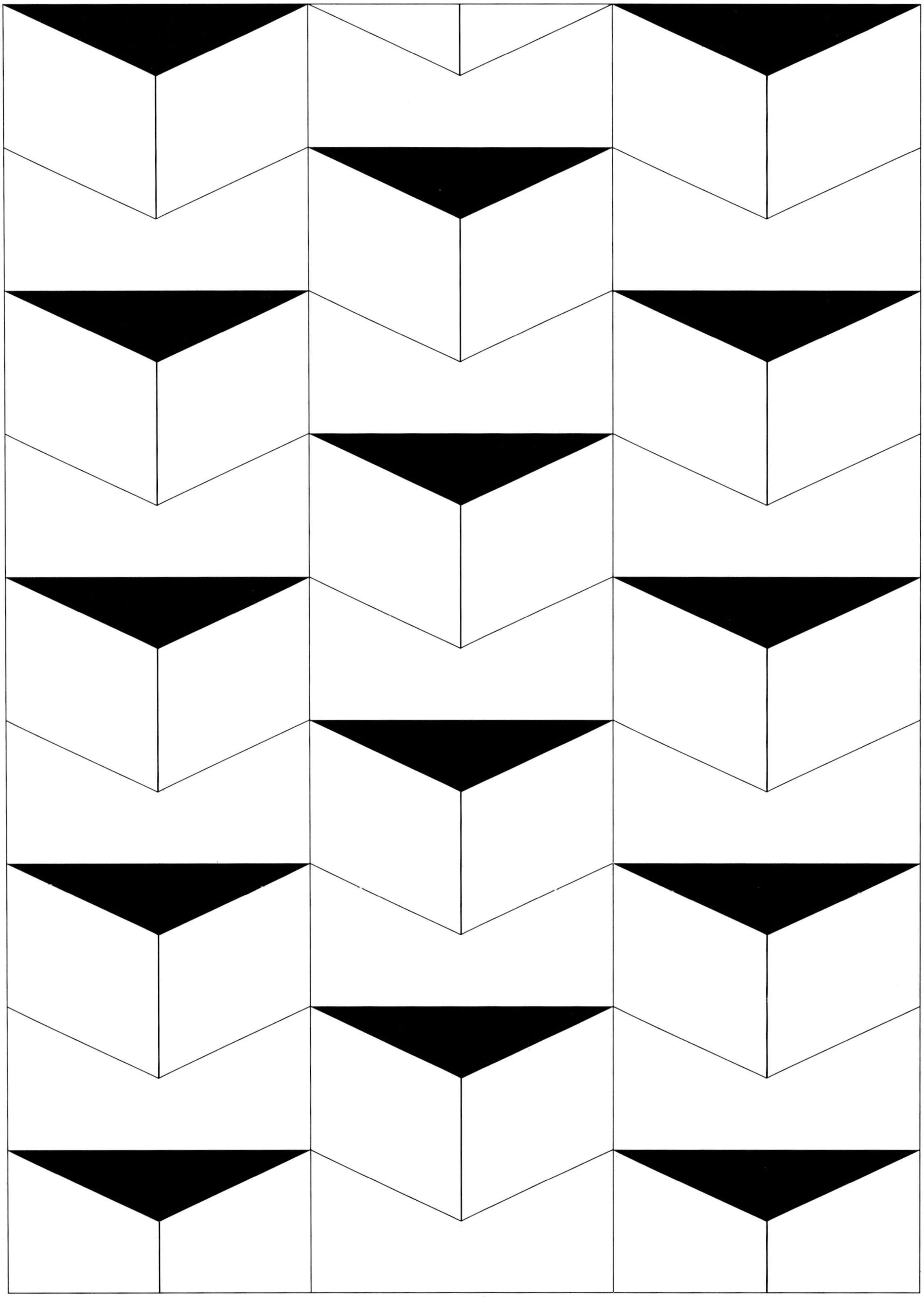

Marmorfußboden Seite 114

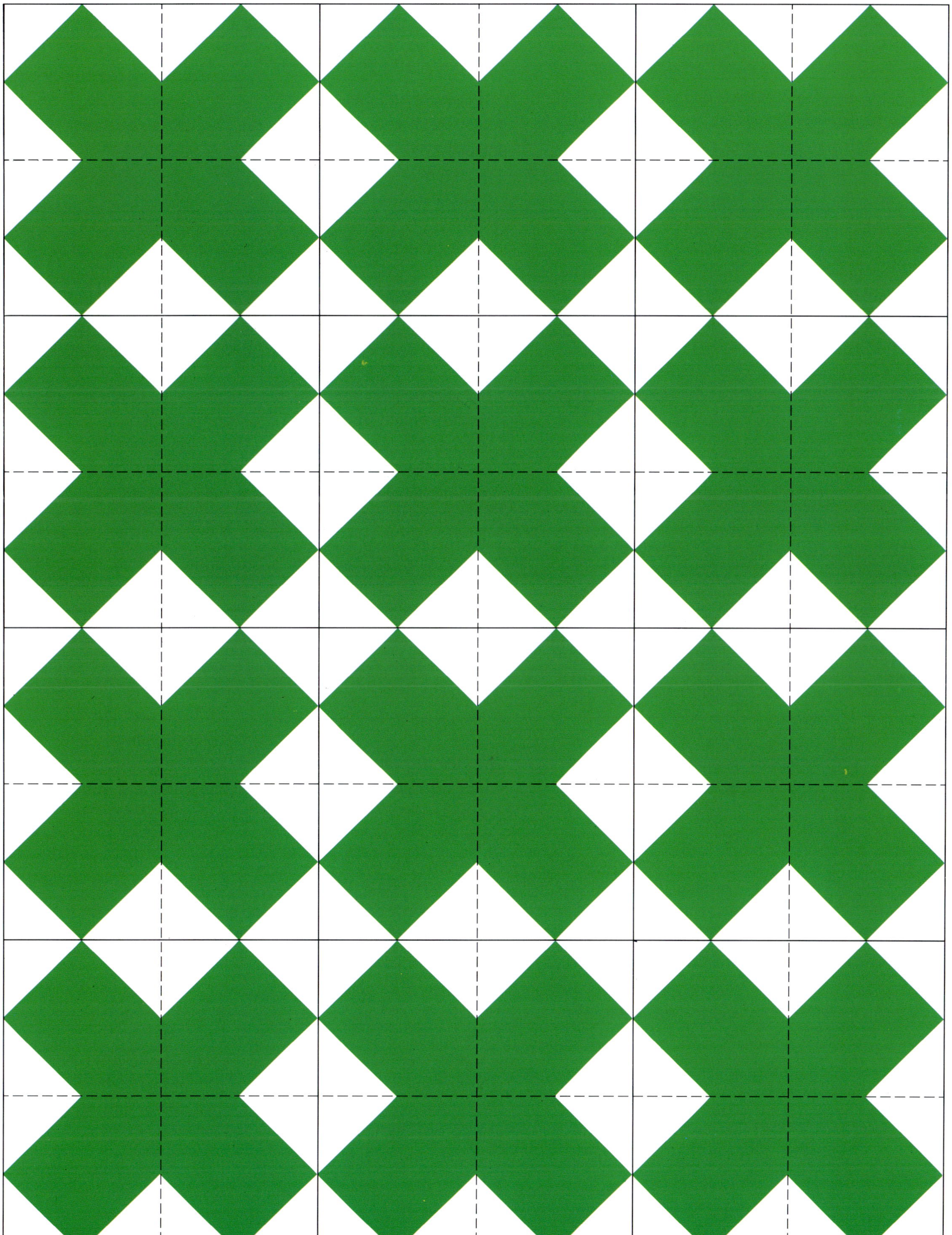

Register